Picture Aided
WORD SEARCH
FOR KIDS

This Book Belongs To:

57. Space

44. Birds

92. Parts of the Tree

Word Puzzle to Build & Improve

✓ General Knowledge
✓ Vocabulary
✓ Spelling

100
Fun & Educational Puzzles
Filled with More Than 1100 Words & Pictures

WORD PANDA PRESS

Thank you very much purchasing this puzzle book.

We hope the kids will love the book and if you think it's valuable, consider leaving a
Review at Amazon.
Your valuable feedback will help others and encourage us to create more products like this.
*With love, team **Word Panda Press.***

Note for Parents/Teachers

Word search puzzles in this book are a great way to learn spelling, build vocabulary and improve self-confidence with words in kids. These puzzle activities help the kids to keep their brain active and learn the words more fun & effective way.

Each word inside the puzzles relates with a picture to make it easier for children to identify the word. The topics are chosen carefully to enhance the general knowledge and contain a wide variety including nature, environment, animals, food, vehicles, technology, day-to-day life, activities, sports, and many more.

Puzzles inside this book are more suitable for kids ages between 6 & 10. Kids ages 10-12 may also find the book interesting. And it is also suitable for smart kids ages 4-6, who love an extra challenge (pictures in the book may keep them engaged).

About the Puzzles

Puzzle Topic & Number: Each topic has a number that is same as the puzzle number, use this number to find the solutions at the back

1. Farm

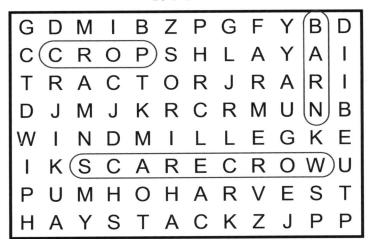

Words & Pictures: Words in the puzzles are in large font size for easy visibility & each word in the puzzle comes with a black & white illustration. Kids can color these images which makes the book more fun.

Circle in front of the word is to mark the word once found.

Puzzles Solutions: Clearly visible solutions to the puzzle can be found at the back of the book.

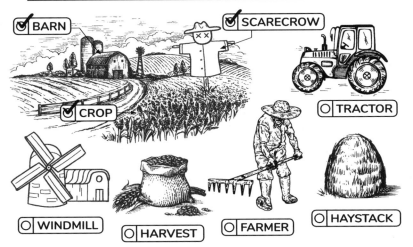

How to Play Word Search:

Word search puzzle is a word game that consists of the letters of words placed in a grid, which usually has a rectangular or square shape.

The objective of this puzzle is to find and mark all the words hidden inside the box.

The words may be placed horizontally, vertically, or diagonally.

Word Directions - Reference

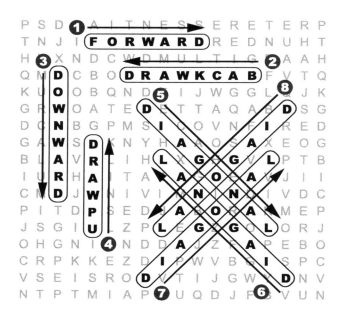

1. Left to Right - Forward
2. Right to Left - Backward
3. Downward
4. Upward
5. Diagonal Downward Left to Right
6. Diagonal Upward Right to Left
7. Diagonal Upward Left to Right
8. Diagonal Downward Right to Left

Gradually Increasing Puzzle Difficulty

Puzzle No 1 to 5:

Puzzle 1 to 5 are starter puzzles, contains words in **diction 1 & 3 only** (refer above diagram). Words in Left to Right & Downward (no reverse direction), these puzzles are fairly easy. Kids can use these to warm-up and get familiar with the word search.

Puzzle No 6 to 21:

These puzzles contains words in **direction 1,3,5 & 7 only,** not in reverse direction. Puzzles are bit more challenging with the introduction of diagonal words (only forward direction).

Puzzle No 22 to 100:

Now the kid is familiar with the words in all forward directions. Puzzle 22 onwards contains the words in all directions including reverse/backward. These are more challenging and takes more time to solve, but more exciting and fun. Also puzzle 40 onward has more words per puzzle making it further challenging, exciting & informational.

1. Farm

```
G D M I B Z P G F Y B D
C C R O P S H L A Y A I
T R A C T O R J R A R I
D J M J K R C R M U N B
W I N D M I L L E G K E
I K S C A R E C R O W U
P U M H O H A R V E S T
H A Y S T A C K Z J P P
```

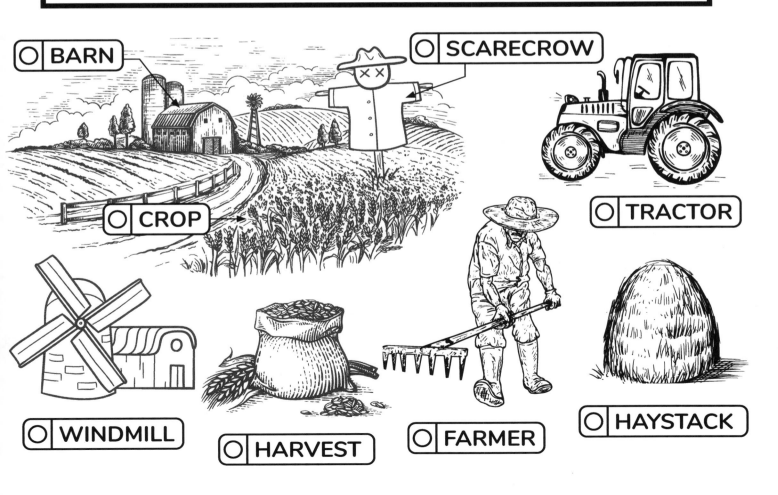

- BARN
- SCARECROW
- CROP
- TRACTOR
- WINDMILL
- HARVEST
- FARMER
- HAYSTACK

2. Protein Rich Food

```
C H E E S E H F I K O P
G M X S L H P G E M D B
F I S H A O U N U M A Q
G B M M L M S M X V Y E
M O M I M X P E A N U T
I Q V J O V F A E C U E
L W X P N Y E T G O Y J
K L L D D J Y O G U R T
```

○ MILK

○ EGG

○ YOGURT

○ ALMOND

○ CHEESE

○ FISH

○ MEAT

○ PEANUT

3. Drinks

```
D J H H R F M I L K P C
G K E Q W F T E A N J S
I Y U A W J Y L B Y T O
I K J V A U V N G Q B D
S O U P T I I T P N A A
S C N E E C O F F E E O
L F Y E R E C T S H M C
L E M O N A D E O A Y W
```

WATER

JUICE

MILK

LEMONADE

SOUP

TEA

SODA

COFFEE

4. Colors

```
H M Y Q R A T Z G N V H
O H E G R K X Y B L U E
R N L W E G R E E N X K
A O L V D Z N U V C C O
N I O B R O W N U N S P
G L W I I K O V U S E U
E B L A C K H M E B J E
O X P U R P L E B K R S
```

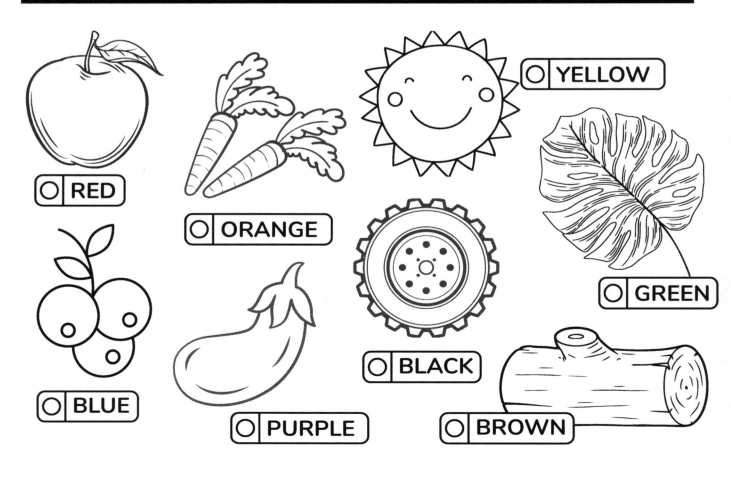

RED

ORANGE

YELLOW

GREEN

BLUE

PURPLE

BLACK

BROWN

5. Rooms in the House

```
S T O R E R O O M B T U
A A K X R W G A R A G E
Y I Q F K R O Q C T S J
S T U D Y R O O M H L A
B E D R O O M V E R K F
V L I V I N G R O O M O
K D I N I N G R O O M R
K I T C H E N F X M A C
```

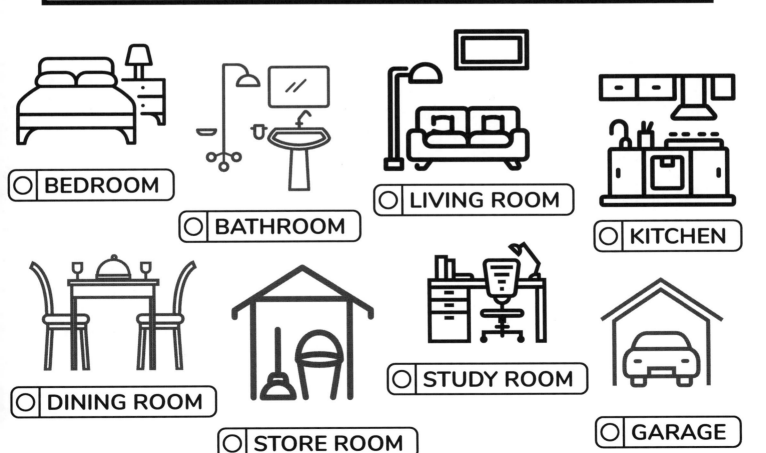

⊙ BEDROOM

⊙ BATHROOM

⊙ LIVING ROOM

⊙ KITCHEN

⊙ DINING ROOM

⊙ STUDY ROOM

⊙ STORE ROOM

⊙ GARAGE

6. Birthday Party

```
J J C Q N U Y J Y T X A
C A N D L E S G I F T L
N T S O G L A L N B J O
U L O X J H Z C I F Y C
D Y I E A A X A A Z I F
C A R D Q T U K G S Z D
B A L L O O N E U U S F
M B A N N E R M Q Y J B
```

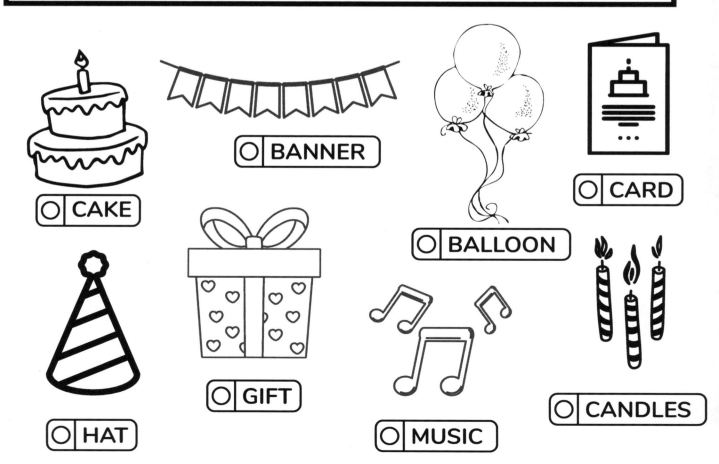

BANNER

CARD

BALLOON

CAKE

GIFT

MUSIC

CANDLES

HAT

7. Vehicles in the Air

```
P A I R P L A N E W Z F
S H E L I C O P T E R O
T Y J K X O Y Z F V P G
C O E T L Q B G Q X S L
A F T L Z J U B Q M J I
S P A C E C R A F T V D
T B P A R A C H U T E E
X V H B I T D R O N E R
```

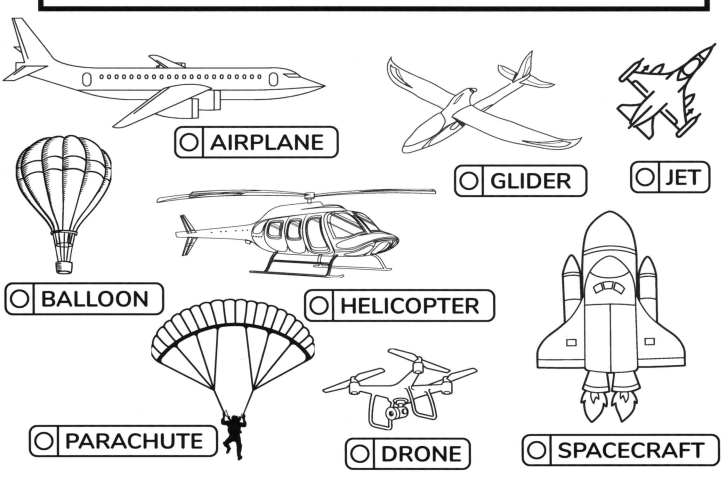

O AIRPLANE

O GLIDER   O JET

O BALLOON   O HELICOPTER

O PARACHUTE   O DRONE   O SPACECRAFT

8. Mammals

```
F J K C O W J L Y Q G X
A A M X O Z E L U Y B B
G O A T I M T S H E E P
K E K W A E H O E P X V
S I B C K D O L P H I N
D K A J I C A I H Z R I
C A T W D H T V N U Q L
Y D O G W Y R A B B I T
```

COW

CAT

BAT

DOG

WHALE

RABBIT

GOAT

DOLPHIN

CAMEL

SHEEP

9. Water Sources

```
Y E U D K O K R A I N K
U O A D T G S K D N W C
U X N R N R R D M L G L
O O W I E C I N W E F A
P A R P B F V W C E G K
H P Z F H I E A X O L E
S I R E S E R V O I R L
B P W A T E R F A L L C
```

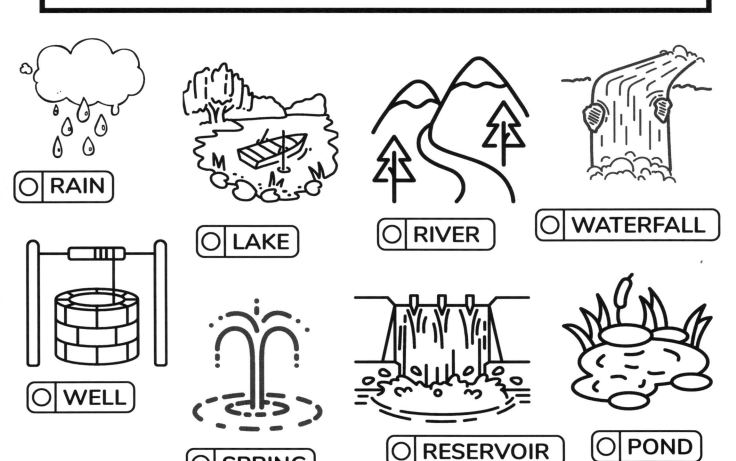

RAIN

LAKE

RIVER

WATERFALL

WELL

SPRING

RESERVOIR

POND

10. Carbohydrate Foods

```
W V Y B V Y Q S U G A R
J Z M R I P A S T A J N
R U I E I E E S B L U G
N R J A Z C S G P B D G
O Z D D I P O T A T O I
Q A Y R L V B C O R N A
O B T Q M W W P E A E T
T X I S T S R Z A G S R
```

BREAD

CORN

SUGAR

RICE

POTATO

PASTA

BUN

OATS

11. Baby Animals

```
K G W C C H I C K O I E
L S Z C A H B T P F I H
P U P P Y L Q P Q J L O
W E Z I Q C F G U A B
P I G L E T O R F Z X F
K I T T E N E E A T P O
J N M S T M V P W X O A
D U C K L I N G N Q Q L
```

O KITTEN

O PUPPY

O DUCKLING

O CHICK

O FOAL

O CALF

O FAWN

O PIGLET

12. Pets

```
T N R E V R H C A T L A
O D I P W R F P R C A R
R T O I H A M S T E R A
T H W G N E E O V Z Q B
O J X E M Y G N U J W B
I L A O S F I S H S L I
S K K N P A R R O T E T
E G U I N E A P I G W R
```

○ DOG

○ HAMSTER

○ PARROT

○ TORTOISE

○ RABBIT

○ PIGEON

○ CAT

○ FISH

○ GUINEA PIG

○ MOUSE

13. Activities

```
U R L M O X Y D A N C E
Y Y I J U O L P A H W N
W G X D X B L V Y H A N
A S L E E P V Z T P M W
L K D P V C Z A S Y N R
K U S I N G B W D U C I
R E A D F M V W R V I T
C Q T Z I Q W P L A Y E
```

WALK

RUN

DANCE

SLEEP

BATH

SING

RIDE

WRITE

READ

PLAY

14. Occupations

```
E L Z L F I R E M A N N
P O L I C E M A N I A P
L I D J T C F D J M I L
E N G I N E E R T F I U
T E A C H E R S O B V M
X W I C E D O C T O R B
N U R S E P T F J G Z E
S C I E N T I S T V D R
```

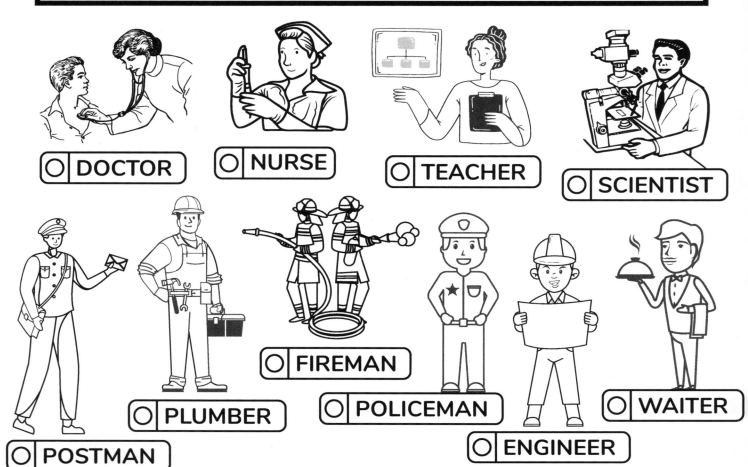

- ○ DOCTOR
- ○ NURSE
- ○ TEACHER
- ○ SCIENTIST
- ○ POSTMAN
- ○ PLUMBER
- ○ FIREMAN
- ○ POLICEMAN
- ○ ENGINEER
- ○ WAITER

15. Classroom

```
S C I S S O R C H A I R
L W O H A L E N F B L D
Y H N Y I K C R H W Z E
F E H C U P B O A R D S
P T N Y K F O S P S R K
U E F S H A R P E N E R
P W H I T E B O A R D R
F H C A L E N D A R A H
```

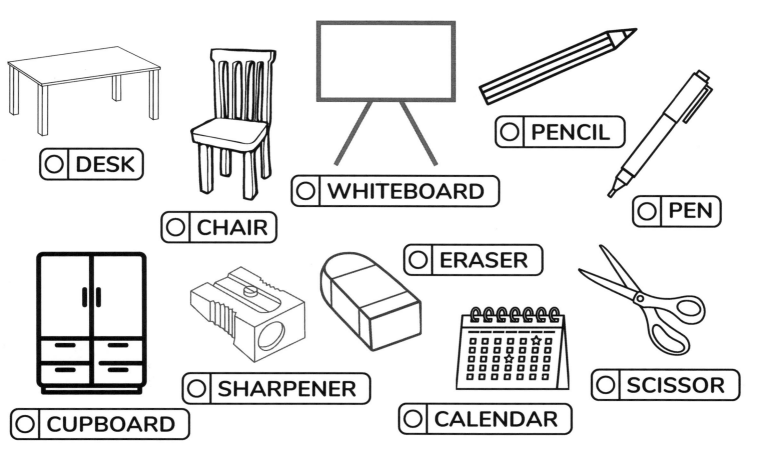

DESK

CHAIR

WHITEBOARD

PENCIL

PEN

ERASER

SHARPENER

CALENDAR

SCISSOR

CUPBOARD

16. School

```
L A B O R A T O R Y R L
W C L A S S R O O M F O
N A M L A C D T R H O C
V U O L I B R A R Y V K
G O M U S I C R O O M E
P L A Y G R O U N D O R
C O M P U T E R R O O M
L C X R C A N T E E N C
```

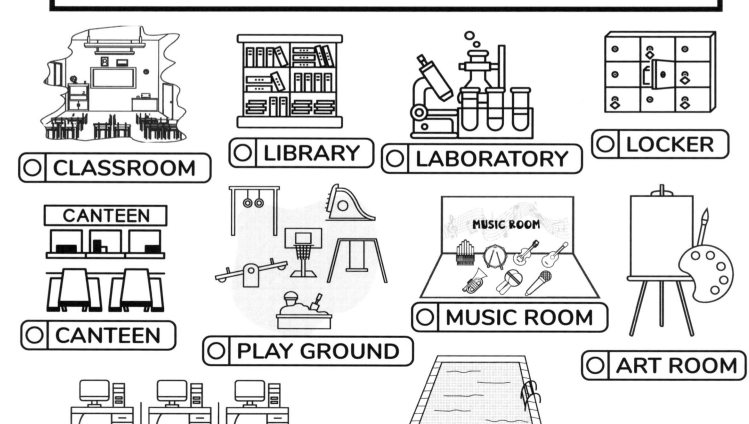

CLASSROOM

LIBRARY

LABORATORY

LOCKER

CANTEEN

PLAY GROUND

MUSIC ROOM

ART ROOM

COMPUTER ROOM

POOL

17. Playground

```
M O N K E Y B A R S S S Z
S A N D B O X D O F E B
W H M R H G S L I D E I
I X F C D A L U Q J S C
N W N J L A L D S E A Y
G E Z I B E O G Y B W C
B T R A M P O L I N E L
S K A T E B O A R D J E
```

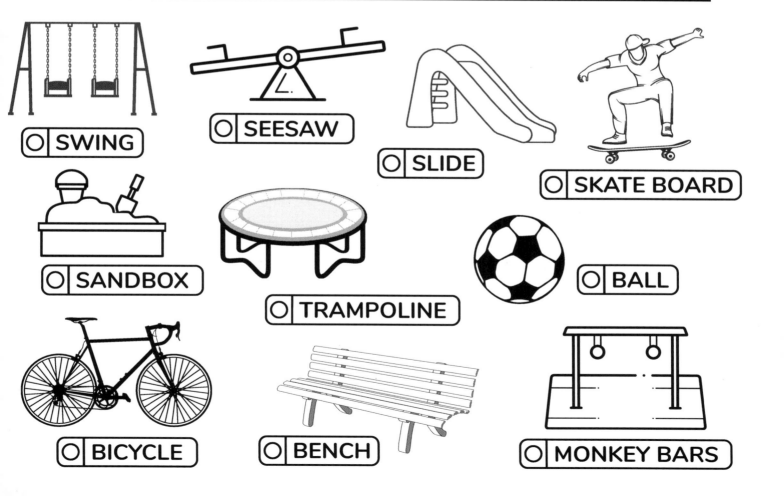

O SWING

O SEESAW

O SLIDE

O SKATE BOARD

O SANDBOX

O TRAMPOLINE

O BALL

O BICYCLE

O BENCH

O MONKEY BARS

18. Seaside

```
C O C O N U T T R E E Z
R H C F H U S N K I T E
F R X L I H X B O A T C
I J S E A S H E L L S R
B E A C H C H A I R T A
H C X W A V E S T Z T B
L I F E G U A R D W V B
S A N D C A S T L E U D
```

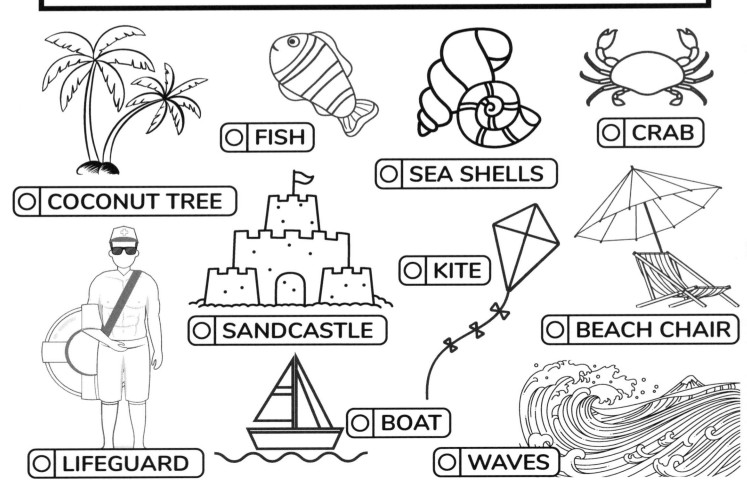

O FISH

O SEA SHELLS

O CRAB

O COCONUT TREE

O KITE

O SANDCASTLE

O BEACH CHAIR

O BOAT

O LIFEGUARD

O WAVES

19. Carnival

```
P F E R R I S W H E E L
O C B I C E C R E A M Q
P L V A T M T L V H K Q
C O V D A M T I Z X D R
O W B U M P E R C A R T
R N J U G G L E R K N E
N M A G I C I A N E E D
F I R E W O R K T O X T
```

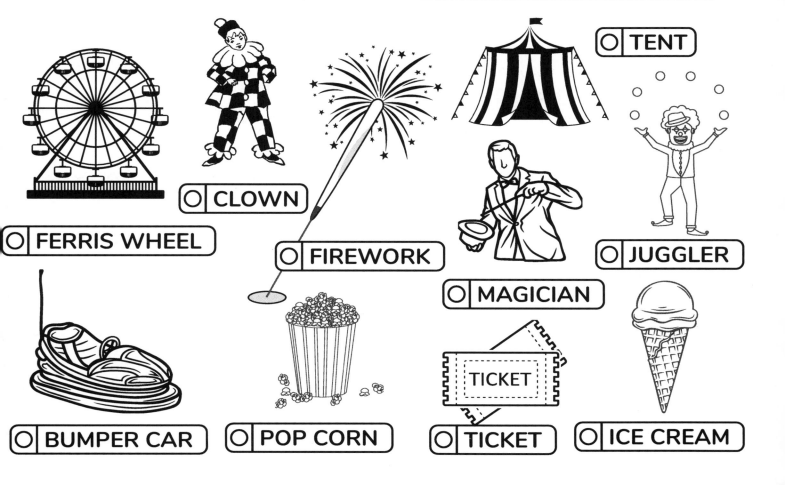

⊙ TENT

⊙ CLOWN

⊙ FERRIS WHEEL

⊙ FIREWORK

⊙ JUGGLER

⊙ MAGICIAN

TICKET

⊙ BUMPER CAR

⊙ POP CORN

⊙ TICKET

⊙ ICE CREAM

20. Places in the Town

```
H R Q K H Y L P Z B P Y
E C N G O E K T B P S S
X A W O T C I N E M A H
B R H O S P I T A L E O
Z P H B U S S T O P M P
F A P O S T O F F I C E
E R R E S T A U R A N T
Y K S C H O O L V W X K
```

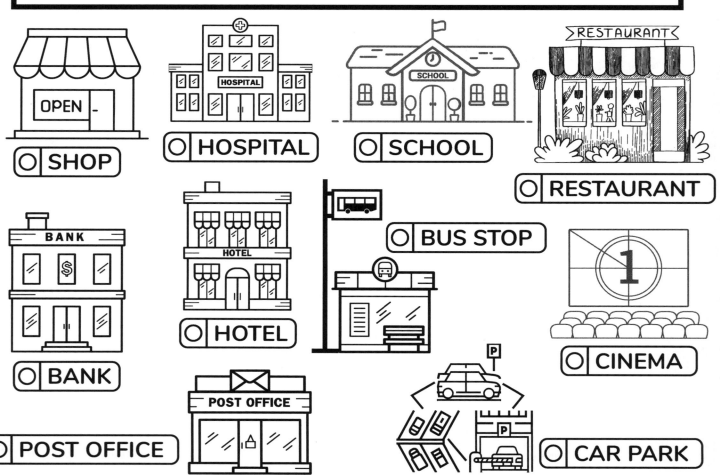

SHOP

HOSPITAL

SCHOOL

RESTAURANT

BUS STOP

BANK

HOTEL

CINEMA

POST OFFICE

CAR PARK

21. More Places in the Town

```
S U P E R M A R K E T E T X
T R A I N S T A T I O N
A N P H A R M A C Y Q X
D U O K U U Y Y H Y L G
I B A K E R Y O U I M X
U V Y S K L I B R A R Y
M R U S A L O N C N O Y
Q M G W T O W N H A L L
```

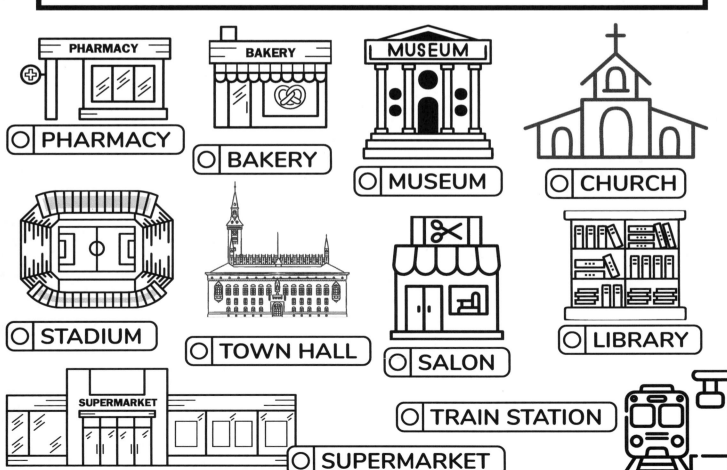

PHARMACY

○ PHARMACY

BAKERY

○ BAKERY

MUSEUM

○ MUSEUM

○ CHURCH

○ STADIUM

○ TOWN HALL

○ SALON

○ LIBRARY

○ TRAIN STATION

○ SUPERMARKET

22. Hospital

```
E R H O S P I T A L B E D F
C D E S T E T H O S C O P E
N R E T E M O M R E H T Q S
A I R B S C D Z C D C O R Y
L A W I W A Z G M A E V X R
U L W H E E L C H A I R R I
B N L W C T M P G C S I A N
M S E H C T U R C M R K Y G
A L S P H G Y P A Y M R B E
S F W Z D J C Q E F Y I N E
```

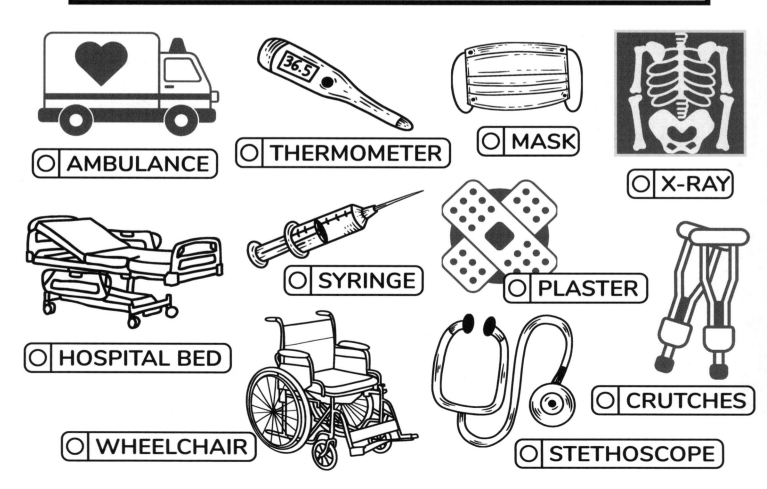

O AMBULANCE

O THERMOMETER

O MASK

O X-RAY

O HOSPITAL BED

O SYRINGE

O PLASTER

O CRUTCHES

O WHEELCHAIR

O STETHOSCOPE

23. Supermarket

```
C A S H R E G I S T E R K E
C C R E D I T C A R D M P R
D R U F V G J X L Q P N E R
O T B H Q R Y Q Y T J I B O
F P Y S H E L V E S H A A Z
Y I Q U M N A K F S R C N Y
A E Q H Y N S D A C Q A C T
C C N F H A U C O E L I R N
V E O O B C N D N R S A X O
Q R W C M S E Y M K C V E N
```

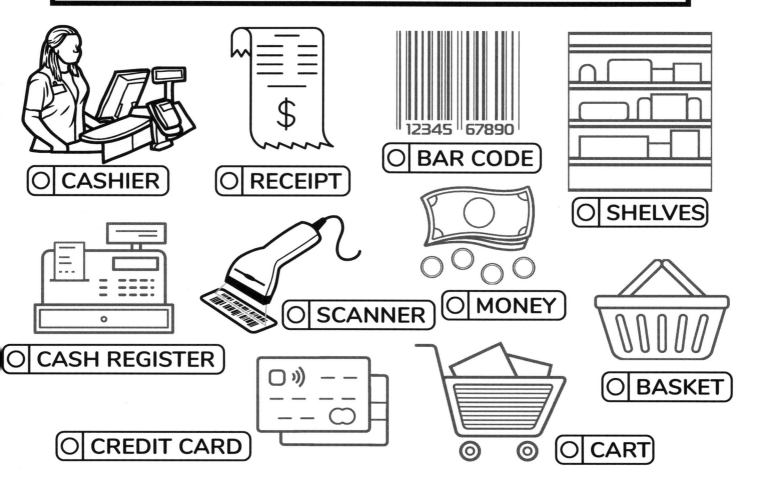

○ CASHIER

○ RECEIPT

○ BAR CODE

○ SHELVES

○ CASH REGISTER

○ SCANNER

○ MONEY

○ BASKET

○ CREDIT CARD

○ CART

24. Sky

```
E T I L L E T A S X U T V D
Y C V K A M U J K E X E B D
R V E N L P B Y E J Y N Q U
A W W N Q S T A R S S A P C
I E V K A G D C K I L L H Z
N B M O S L L Y D J C P V F
B A B G Z O P M D Q E I Z F
O C I P U S L R L T P S D B
W N R D W B K L I V T E U V
J T D N O O M K X A K T J N
```

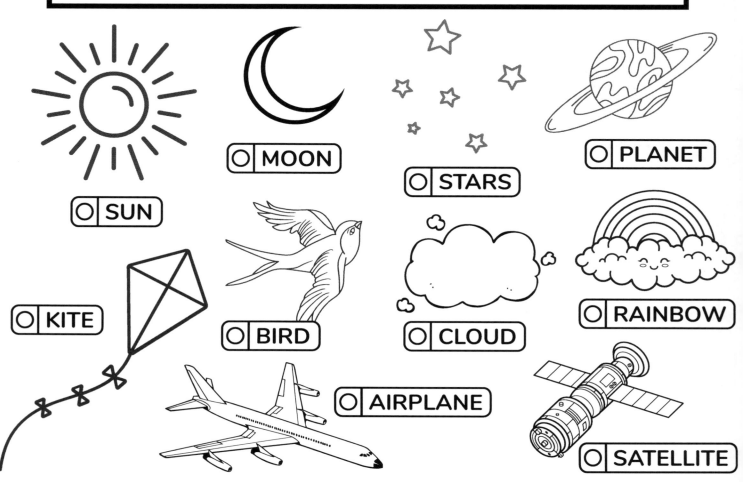

○ SUN

○ MOON

○ STARS

○ PLANET

○ KITE

○ BIRD

○ CLOUD

○ RAINBOW

○ AIRPLANE

○ SATELLITE

25. Post Office

```
D A O L P U F E L D S M U Z
R R I L I X V P O S T M A N
A H D K E N V E L O P E X L
C N F R K I S A K K K P O I
T S L A S S E R D D A W B A
S D E M K Z I S I R L A L M
O U Q T X K T X C I P G I R
P A C S Q A Z E A L Y Z A I
U P P O M L L M Z L T N M A
G S H P D W V P J B A E V F
```

POSTMAN

MAIL

POSTCARD

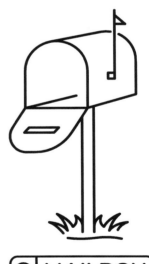

MAILBOX

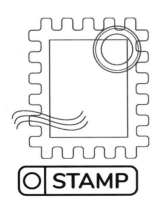
STAMP

POSTMARK

AIR MAIL

AIR MAIL

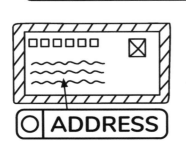
ADDRESS

ENVELOPE

PARCEL

26. Floating Pieces

```
T D F R E W D F F A E L V G
P U Q E I J O A I C G I L U
I H Z W E H A O B G F C J T
E A I O S L X L D N E N K W
Q B C L Y J D N M C A E L D
W C E F Z N X N G R T P R L
X V C W R Q I U A Z H M M V
F V U Z B A L L X C E P X W
W W B F O O S T W A R T S N
A V E E K C Q K O C O R K C
```

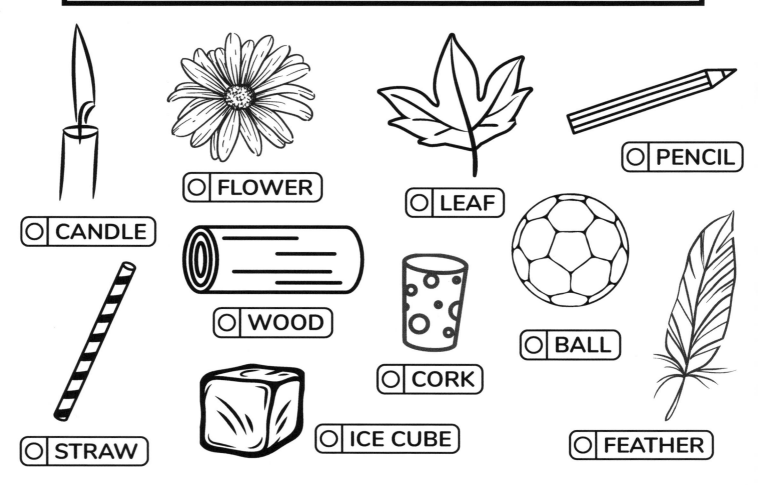

O FLOWER

O LEAF

O PENCIL

O CANDLE

O WOOD

O CORK

O BALL

O STRAW

O ICE CUBE

O FEATHER

27. Restaurant

```
S Z D R C L Q R D O U N E M
D G P S P D L W A I T E R S
N X N I K P A N G D N F R P
V V W G W Q D L X I S P Q O
E T A L P N A Y A N C C K O
Y E E M O S D C C M L N U N
K X S S S N V P T H I G G D
R R M P K D M C Q F E I R C
O S M P I T X N E C M F S F
F P G D W A I T R E S S Z H
```

CHEF

MENU

PLATE

FORK

KNIFE

GLASS

WAITER

NAPKIN

WAITRESS

SPOON

28. Vegetables

```
T Q A H J E O T A T O P E J
O R E B M U C U C W V G U U
O B U I M G R J L J G R W R
R Y T L T M P U M P K I N S
T Z S O O S Y F L G M D G G
E G N C M Y K A C A R R O T
E I A C A P N E P Q N N Z N
B A E O T T E O E H F F M T
Y P B R O J A B I L F A S N
O E T B J Q K N S C T H Q O
```

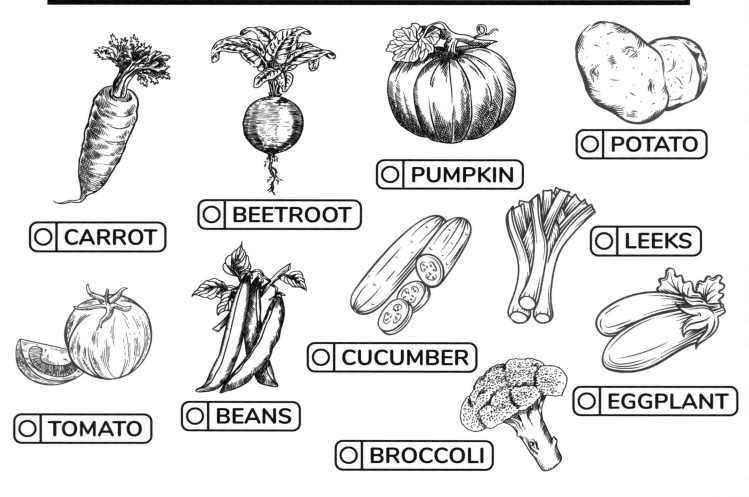

O CARROT

O BEETROOT

O PUMPKIN

O POTATO

O LEEKS

O CUCUMBER

O TOMATO

O BEANS

O BROCCOLI

O EGGPLANT

29. Fruits

```
X N Y O C H E R R Y A A N Z
Z P E B R D P O G V C N M R
T I L K R A R G O X P A T D
R N P A K L N C R B C N A S
Z E P N B T A G W Y O A R P
U A A K R D O K E Q E B Q T
Q P S Q O Y A P R I C O T A
H P R A E P E V S E P A R G
H L S T R A W B E R R Y F C
M E O M T B E B J Z W W F B
```

PINEAPPLE

APPLE

BANANA

PEAR

ORANGE

CHERRY

GRAPES

STRAWBERRY

AVOCADO

APRICOT

30. Desserts

```
J B R O W N I E B W F E W K
E Q N G D C I M H C K T X Q
L Q U Q P J C X D A B U M H
L Z W I S B E T C N B W M P
Y P E K E B C G R K M U C U
T R A T K D R H H U F X I D
D T R K P F E N C F G Y U D
O M Q Q A P A P I M Z O L I
J D K J S M M N F M J D Y N
C O O K I E S V X C H F L G
```

○ PIE

○ COOKIES

○ YOGURT

○ ICE CREAM

○ JELLY

○ TART

○ BROWNIE

○ PUDDING

○ CAKE   ○ MUFFIN

31. Bedroom

```
A K C O L C M R A L A X I T
G B D T D H I W O L X W N E
E D A H S P M A L R P B M K
L I N T B E K R T N R Y W N
M A Z Q T T F D M R L I J A
F P I L L O W R G T U Q M L
Y X D G V U X O X Q S G R B
W K E V B E E B T M Q O D W
P P B W J L O E O F V C M P
F Z X Q J Z M A T T R E S S
```

BED

MATTRESS

PILLOW

LAMPSHADE

WARDROBE

ALARM CLOCK

BLANKET

MIRROR

RUG

FAN

32. Living Room

```
P I C T U R E L H X I M L J
V M O X J K U C R C R S K W
E L B A T C S Q S I H M G V
N R D O A O A R M C H A I R
E Z T U F L Z G M U L G I V
M E E A A C N I H G G E B R
T E L E P H O N E T E I Y L
H O C D N N C U R T A I N E
T E L E V I S I O N E D A A
C U S H I O N J X C Q S Y M
```

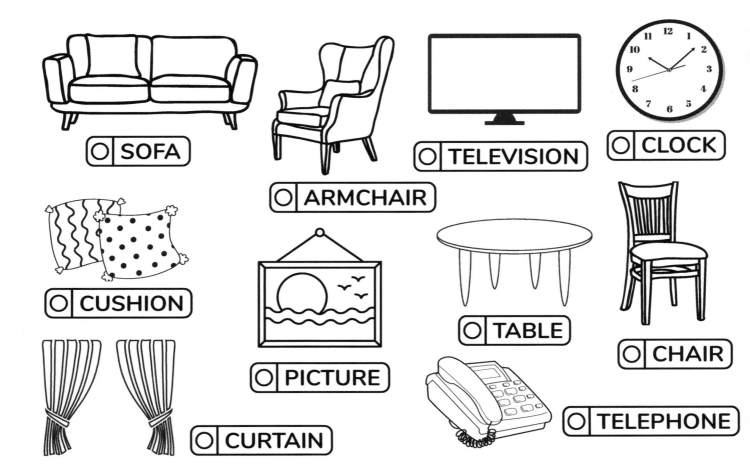

- SOFA
- ARMCHAIR
- TELEVISION
- CLOCK
- CUSHION
- PICTURE
- TABLE
- CHAIR
- CURTAIN
- TELEPHONE

33. Vehicles Travel in Water

```
P X R B U W I F H C W F X B
I P A R B K T K S A H H C O
H A A B J Y A P S H O S A U
S F C H F K O B P T B Z T J
T I A X N F B P A C E Z A B
T E N I R A M B U S F J M M
W J O F Q N Y F I S C X A B
Z D E G R T Y A C H T H R U
C R U I S E S H I P P B A Q
T T A O B L I A S P C L N F
```

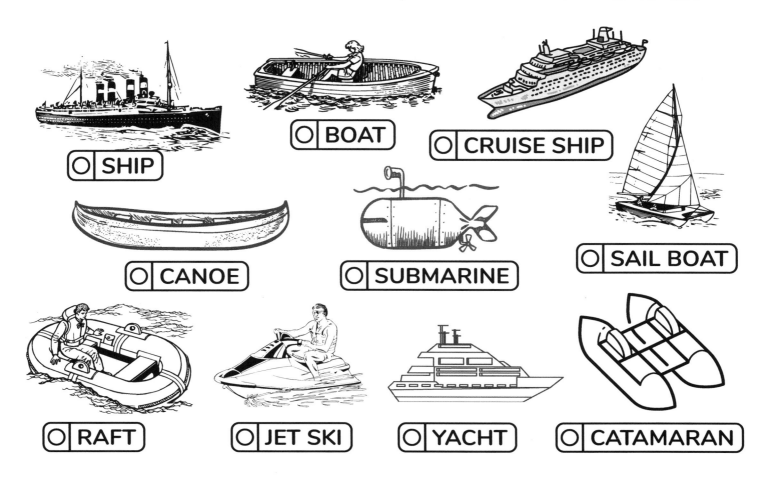

⬭ SHIP

⬭ BOAT

⬭ CRUISE SHIP

⬭ CANOE

⬭ SUBMARINE

⬭ SAIL BOAT

⬭ RAFT

⬭ JET SKI

⬭ YACHT

⬭ CATAMARAN

34. Farm Animals

```
E T C Q G A E Y A Q G G Z O
I D N H N U N T P W O V V C
A P E S X E P Z I U A G U O
V E I S R Y B H G L T K X W
K E Z Y R T I B B A R H M I
W H M E X O M C I S E P G Z
Q S T K W I H H P N Y V V W
U E D R W O H Z H N O B G V
A H P U E S O O G A N G U M
S R E T S O O R S H R A O A
```

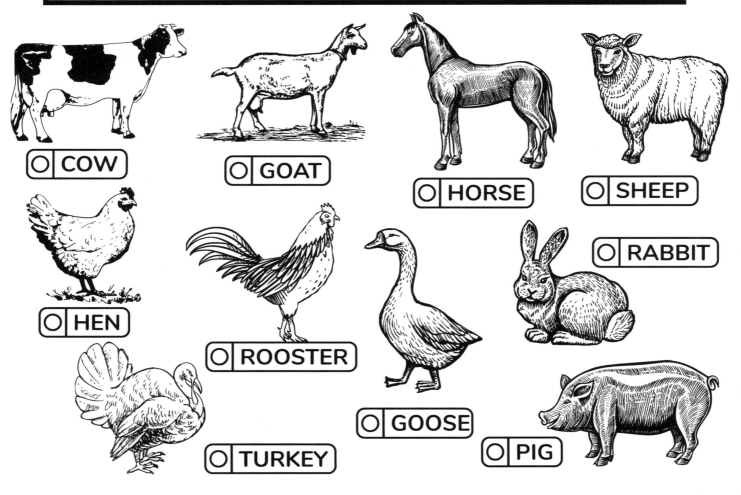

- ○ COW
- ○ GOAT
- ○ HORSE
- ○ SHEEP
- ○ HEN
- ○ ROOSTER
- ○ GOOSE
- ○ RABBIT
- ○ TURKEY
- ○ PIG

35. Sports 1

```
J B C N U T X V J D V P L B
S W I M M I N G K H Y H L N
H V C P Q G Z A F E B T A O
Q O H X K C M A A R G R B T
Q H C Z K A Y G W X U E E N
B A S K E T B A L L R C S I
J S W B E Z I B R Q X C A M
C I M A P Y A G O L F O B D
C G L J S I N N E T R S B A
C Y C L I N G Q V D E P L B
```

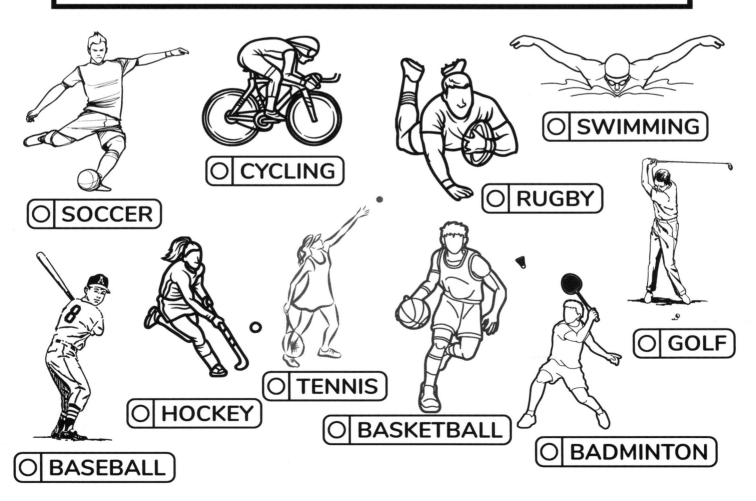

O SWIMMING

O CYCLING

O RUGBY

O SOCCER

O GOLF

O TENNIS

O HOCKEY

O BASKETBALL

O BADMINTON

O BASEBALL

36. Sports 2

```
Q G N I M M I W S Y Y R I D
M A F C S Q E T R R E E D T
U C J I U I C V W U K C U R
O P N P U Y N X R G C C F F
K D A D C U C N Q B O O M U
G S V L Z H B I E Y H S B Q
X O I Z B A S K E T B A L L
E N L B A D M I N T O N N F
G T U F B A S E B A L L W R
J H Q W W B D J F H M K M Y
```

- ATHLETICS
- GYMNASTICS
- HANDBALL
- BOXING
- TABLE TENNIS
- WRESTLING
- VOLLEYBALL
- ARCHERY
- ROWING
- WATER POLO

37. Baby Toys & Accessories

```
P N H N B Z T R S Y U J M R
E H T Q J K L I X N E T A K
T E D D Y B E A R V E L R Q
W G N R P Z K H D L E O P S
A R T E V P B C Y Y L S E I
H D D P L I B H H F T L D N
K I Y A B H L G K W T O P G
Z M T I G T A I F T O T X L
L L O D T B J H A M B Q S E
P A C I F I E R Q R P U E T
```

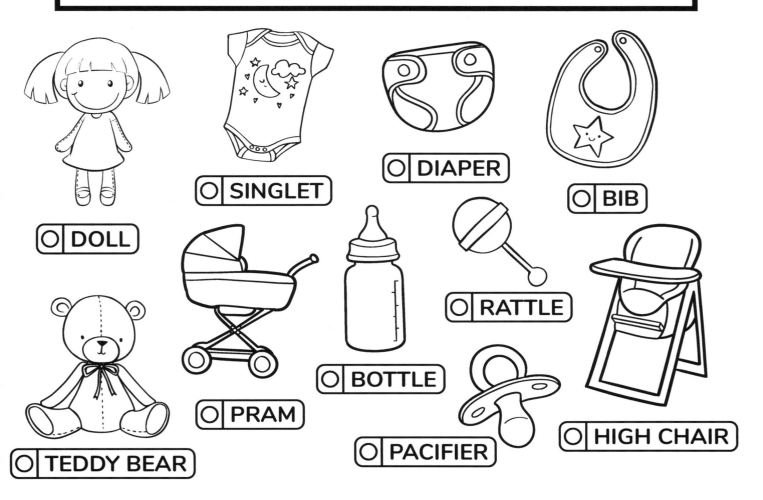

O DOLL

O SINGLET

O DIAPER

O BIB

O TEDDY BEAR

O PRAM

O BOTTLE

O PACIFIER

O RATTLE

O HIGH CHAIR

38. Home Appliances

```
N O I S I V E L E T H X B W
F Q M X R N S J T O D E S G
O R Q E E J N S W A C N E B
O B N V T K F F U S G E T T
I H O F A D K R H T U Y X X
Y R I K E R R B L E N D E R
A G O H H L B M U R O G Y F
F H A N D M I X E R H Z H A
N R E F R I G E R A T O R N
K J I J D I S H W A S H E R
```

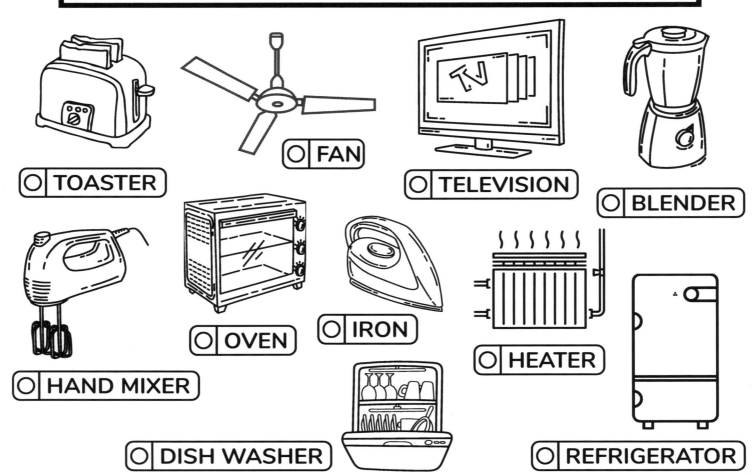

TOASTER

FAN

TELEVISION

BLENDER

OVEN

IRON

HEATER

HAND MIXER

DISH WASHER

REFRIGERATOR

39. Christmas

```
P J G M S U A L C A T N A S
C A N D Y C A N E S R N Q M
R W X M A S T R E E U A P R
S T O C K I N G L E F E J T
C Q C U C A R O L K G P C R
H P A W R E A T H I S T A R
L R N V W H U X F E X X R K
K H D X F P R T L Y G I D R
N W L Q I Z S C O O K I E S
C B E L L S W U P Y E V W Y
```

O BELLS

O STAR

O CAROL

O CARD

O STOCKING

O WREATH

O XMAS TREE

O SANTA CLAUS

O COOKIES

O GIFTS

O CANDLE

O CANDY CANE

40. Vehicles Travel on Land

```
X A G N A V N X D H I B U S
T B F C E C N A L U B M A Q
F I A V L E X C A V A T O R
I G E L C Y C R O T O M A G
L T H C Y M A M M N Y J E T
K S F T C P R Z I Y M E S G
R Y X R I K U A I Q X E L Q
O Y K U B J R R P G L P K Q
F J D C R T C V L T L F K E
H H H K R O T C A R T G Q C
```

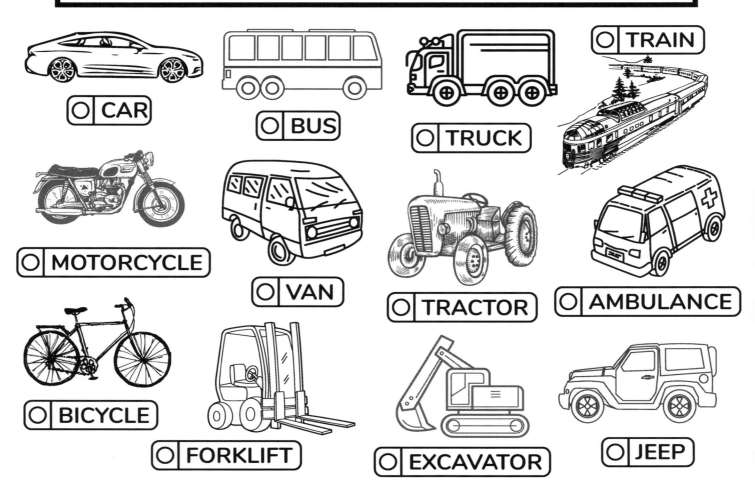

CAR

BUS

TRUCK

TRAIN

MOTORCYCLE

VAN

TRACTOR

AMBULANCE

BICYCLE

FORKLIFT

EXCAVATOR

JEEP

41. Kitchen

```
A V Q S P F G U J N Z X E Y
L U B V T A R G R K N E M S
U R Z L H O L Y I Z N N G Y
T A Q Z N O V H I R A I Y F
A P U P V R N E N N Q B F M
P R M E E L Q C S O G P C E
S O S X N G R A T E R P Z B
B N I Y E S S A U C E P A N
L M G K V N T B N F U T O N
Y Q S R O L L I N G P I N D
```

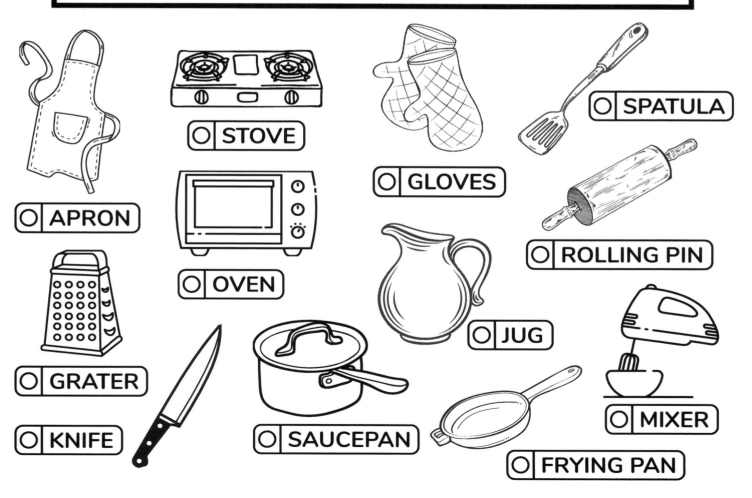

- APRON
- STOVE
- OVEN
- GRATER
- KNIFE
- GLOVES
- JUG
- SAUCEPAN
- FRYING PAN
- SPATULA
- ROLLING PIN
- MIXER

42. Bathroom

X E T S A P H T O O T T T K
S E O P D D Y H Y I Q O O E
Y H B P T Q I D S E Q I O H
N Z O U L O Z S F O G L T N
S J C W C K U P A O S E H F
L I A I E E U R F M P T B A
S E D J O R U V G J B L R U
U I W B A T H T U B E N U C
H D N O M J O O P M A H S E
X J H K T R O R R I M W H T

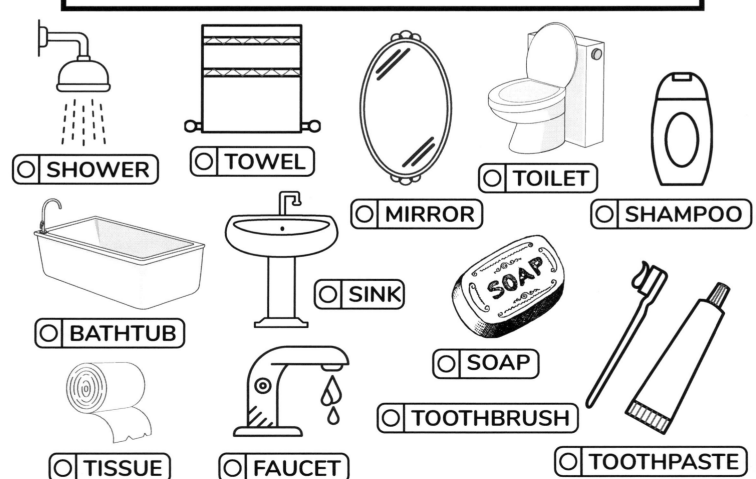

- SHOWER
- TOWEL
- MIRROR
- TOILET
- SHAMPOO
- BATHTUB
- SINK
- SOAP
- TOOTHBRUSH
- TISSUE
- FAUCET
- TOOTHPASTE

43. Zoo Animals

```
N N T H S X T M R S Y T H W
K V A R B E Z F N E E T K C
I K E A R M E A C F P N A Y
J E J T A R K C F V Y A N Y
D H X F E E O A A G O H G E
Q R X D B G R A B M X P A K
I L I O N I Z X P B E E R N
W R R I G T C Y W L V L O O
I U O C R O C O D I L E O M
V V G G J A E V P N F W L C
```

O LION

O TIGER

O ELEPHANT

O BEAR

O ZEBRA

O MONKEY

O DEER

O CAMEL

O SNAKE

O CROCODILE

O KANGAROO

O GIRAFFE

44. Birds

```
B Z O O H L W F O O S W G A
E S O O G B V W G O J A Z N
X I B W B A M N H O K S I U
G T N B P J I B W A N C X T
R O W V Q M N L K I W I U A
O R Q L A K X O O A B I A C
B R G L Q N W Z E P N D Q S
I A F E A G L E G G U S W Z
N P E A C O C K G C I A I C
A F L J W S E B K Y N P H R
```

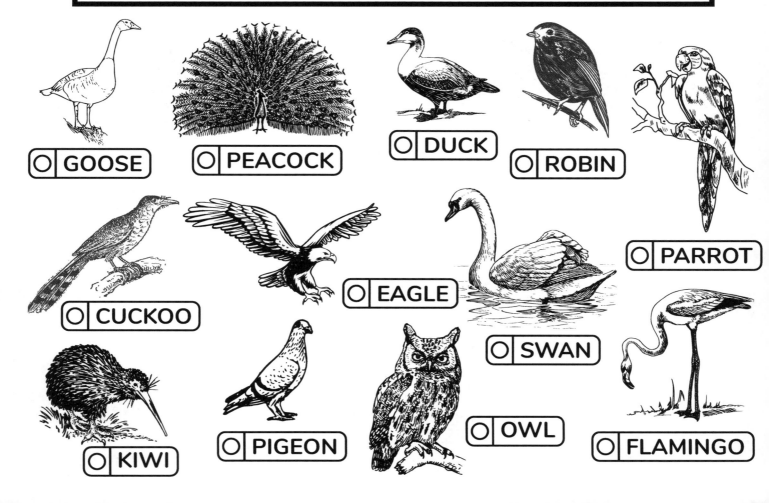

O GOOSE

O PEACOCK

O DUCK

O ROBIN

O PARROT

O CUCKOO

O EAGLE

O SWAN

O KIWI

O PIGEON

O OWL

O FLAMINGO

45. Parts of the Body - 1

```
D J N N O S E U Y D A E H N
I Y Y F X I M V T T T C S F
B H R L V J O R H O U J W N
F X I H F L U G T O E S K H
F H A P R D T E M F T A M Y
Z I K R N Z H L D O D L F E
R M X A F B A X M K Z C Y C
S F H R N E L A A N G E C M
K G A J A M C R R Y Q S L I
P C F R Q H W R M Q F Y O Z
```

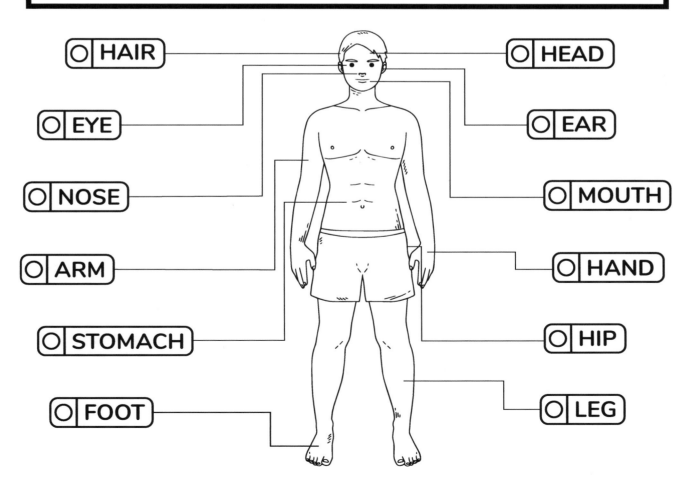

HAIR

EYE

NOSE

ARM

STOMACH

FOOT

HEAD

EAR

MOUTH

HAND

HIP

LEG

46. Parts of the Body - 2

E	Y	E	B	R	O	W	Q	J	A	C	X	L	I
N	G	M	D	P	V	Y	O	K	K	E	E	H	C
N	N	B	F	A	X	Z	J	X	P	B	K	C	H
N	E	C	K	O	E	Y	F	W	X	L	A	Y	E
O	I	T	E	R	V	H	C	N	B	V	Q	S
S	N	S	F	I	N	G	E	R	S	A	P	F	T
T	R	I	Z	D	P	Y	S	R	N	E	L	C	O
E	M	A	H	F	G	E	H	K	O	I	E	I	D
F	O	W	Z	C	P	Q	L	O	P	F	X	N	H
W	S	T	C	B	O	E	E	P	B	G	F	T	K

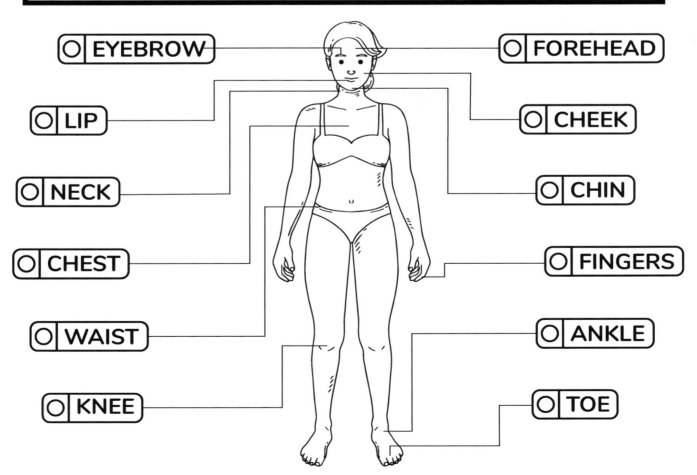

EYEBROW

FOREHEAD

LIP

CHEEK

NECK

CHIN

CHEST

FINGERS

WAIST

ANKLE

KNEE

TOE

47. Human Organs

```
D B Y Y N W I K A S H O L N
S I N T E S T I N E S I R I
T B S A E R C N A P V L A A
O L D T L G S R F E F D V R
M A B E P C T G R Z N J D B
A D Y X S S K I D N E Y S B
C D D N A L G D I O R Y H T
H E I O M T H N V X Z E T O
Y R Z P X D D L U U M L O R
S R E D D A L B L L A G F O
```

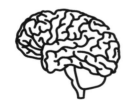 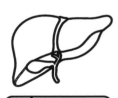 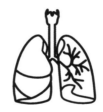 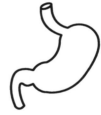

O BRAIN   O HEART   O LUNGS   O LIVER

O STOMACH

 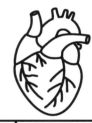  

O INTESTINES   O SPLEEN   O KIDNEYS   O PANCREAS

O BLADDER   O GALLBLADDER   O THYROID GLAND

48. Animals in the Garden

```
E V J H Y S P J T G Q P E M
D Y L F R E T T U B Q L H L
E D R M C D X B L X T Y I S
P H Q A T G Y N A E Y A R E
I K B V J D K Q E H N X E R
T A U I A Q G B Q S Q S D M
N B S L R N G O R K B E I R
E I E U W D F N R U K I P O
C C E D R A G O N F L Y S W
C X B R E P P O H S S A R G
```

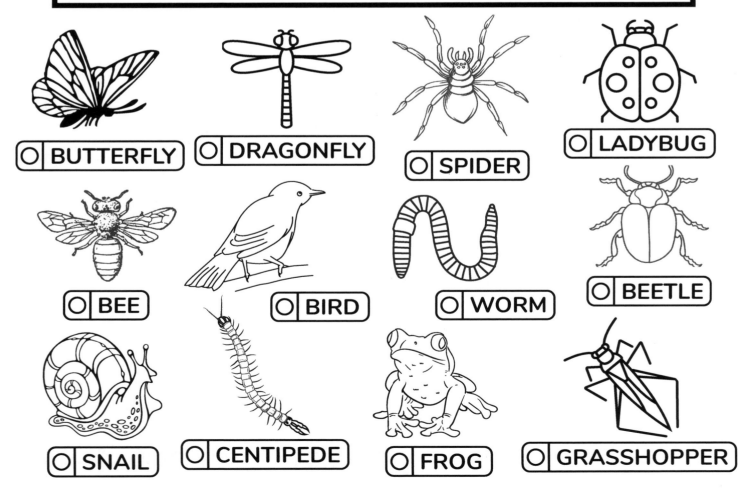

BUTTERFLY DRAGONFLY SPIDER LADYBUG

BEE BIRD WORM BEETLE

SNAIL CENTIPEDE FROG GRASSHOPPER

49. Gardening Tools

```
Q P N G A R D E N H O S E S S
S R A E H S E G D E H H P T
M P P D E J V J K I E R I L
S H A P I T C H F O R K B G
E O H D I F V W L J W O L L
V W H E E L B A R R O W V E
O X V E P R B H S T Z I O V
L S W B E A Q A S O I E Z O
G W S Y D K X L E W O R T H
O S W A T E R I N G C A N S
```

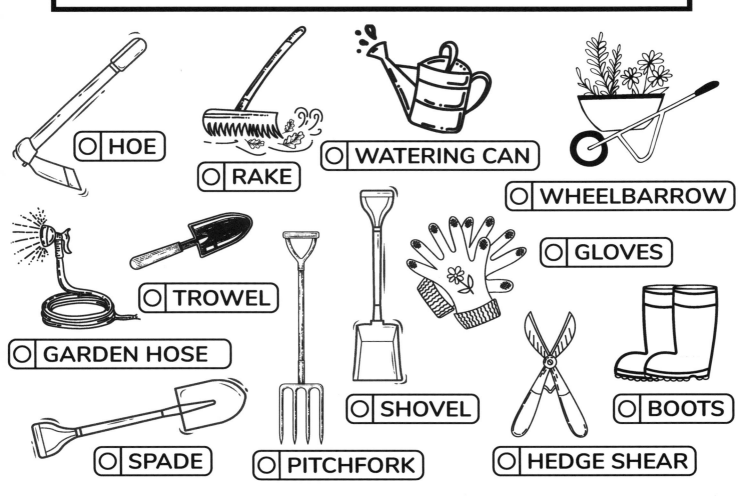

HOE
RAKE
WATERING CAN
WHEELBARROW
GLOVES
TROWEL
GARDEN HOSE
SHOVEL
BOOTS
SPADE
PITCHFORK
HEDGE SHEAR

50. Flowers

```
C E I R I H M A R I G O L D
M N S U N F L O W E R I H K
O I L A J L T E C Z G R I C
M M O Y I L R C L T Q I B F
D S L L E B E U L B J S I Y
A A P I G A R D E N I A S N
I J O L Q F U O F V Y O C E
S W P A C A F R S A F Y U G
Y Q P P B C N F H E V F S H
P O Y C Y P O R C H I D P N
```

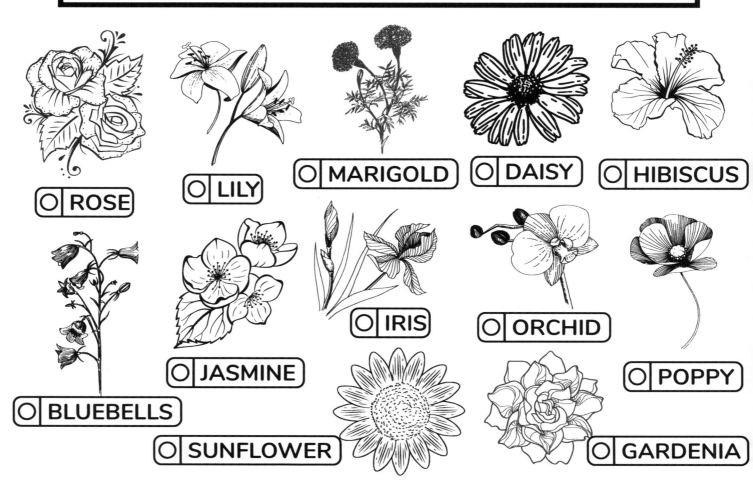

O ROSE

O LILY

O MARIGOLD

O DAISY

O HIBISCUS

O BLUEBELLS

O JASMINE

O IRIS

O ORCHID

O POPPY

O SUNFLOWER

O GARDENIA

51. Tree Leaves

```
Z D R O A K T O E A I P X S
R L N J O C H E S T N U T M
T E B D M A A B P A U X A C
U Z N L S G S C W A J P C V
N A E P W V U O E O L I K A
L H E O C I R K Z E L D T T
A N E D N I L X Y G O Q E N
W G B I R C H L E J H M M R
B J E I U B W O O G E M T B
A R Q Y G P K C J W G C N N
```

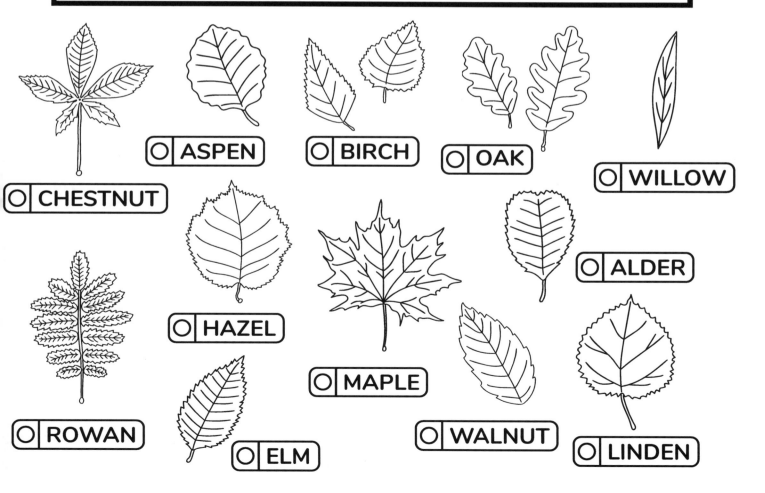

O ASPEN

O BIRCH

O OAK

O WILLOW

O CHESTNUT

O HAZEL

O ALDER

O MAPLE

O ROWAN

O WALNUT

O LINDEN

O ELM

52. Hobbies

```
C S K A T I N G N I W A R D
Y I G A R D E N I N G R B Q
C N J G A L N G N I T I R W
L G N I Y L F E T I K E C M
I I G N I D A E R L T A T U
N N V L E P G N I M M I W S
G G D A N C I N G P H W M F
E Q Q T F Y N X I H T W A D
W H P L X K O N I O W T G O
Z Y H P A R G O T O H P Q U
```

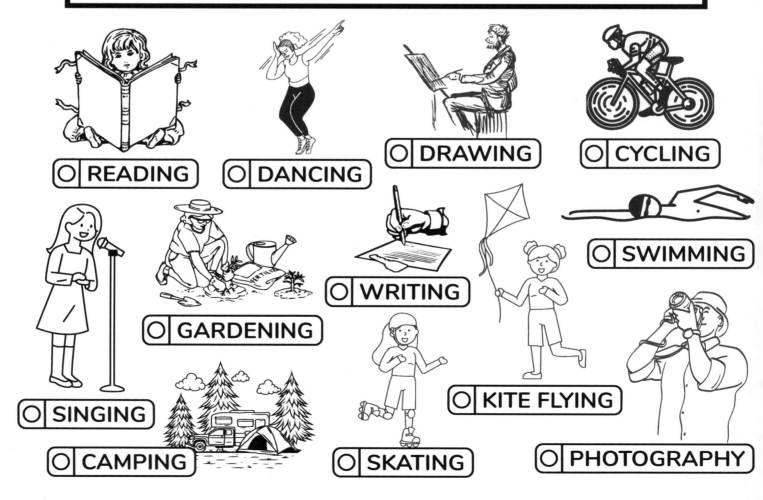

- READING
- DANCING
- DRAWING
- CYCLING
- SWIMMING
- GARDENING
- WRITING
- SINGING
- KITE FLYING
- CAMPING
- SKATING
- PHOTOGRAPHY

53. Clothes

```
F Z P K P A L U C C L O A K
E T R O H S K N S B P O Y X
S D X S S E R D H K B R B K
U F D J O E I E I B J E I Y
O X F E T W Q R R C A S T O
L N X A G K F W T F C U S B
B E E N M U F E E K K O K Q
P W Q S H J C A C U E R I Y
S L P T S H I R T J T T R M
V L Q W Z E R B F O W I T Q
```

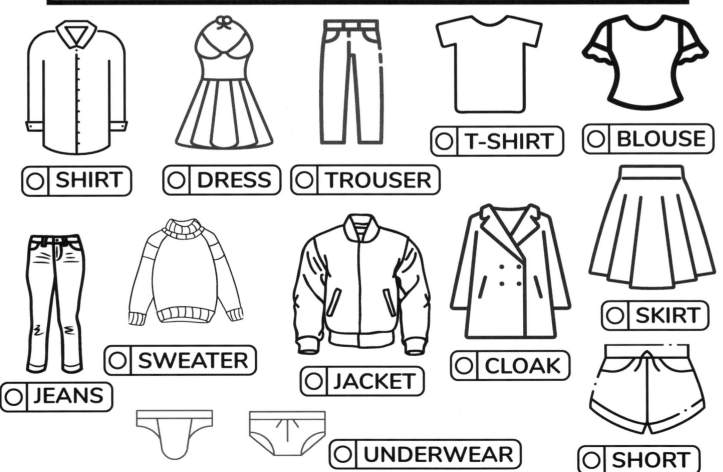

SHIRT

DRESS

TROUSER

T-SHIRT

BLOUSE

JEANS

SWEATER

JACKET

CLOAK

SKIRT

UNDERWEAR

SHORT

54. Cloths & Accessories

```
S H O E S O N I M H C T A W
W G C I A V N V E C A P Y M
S K L M X G H D H M I M V A
S O W A X I E L M W T Z Q F
G G C X S A E Z F S T O O B
D V Q K I S F R A C S H B T
R L Z B S E E P V S U C I T
H E S R U P U S G T G E N Y
J I C X P E P U H A E W R Z
G O T W A L L E T H B E L T
```

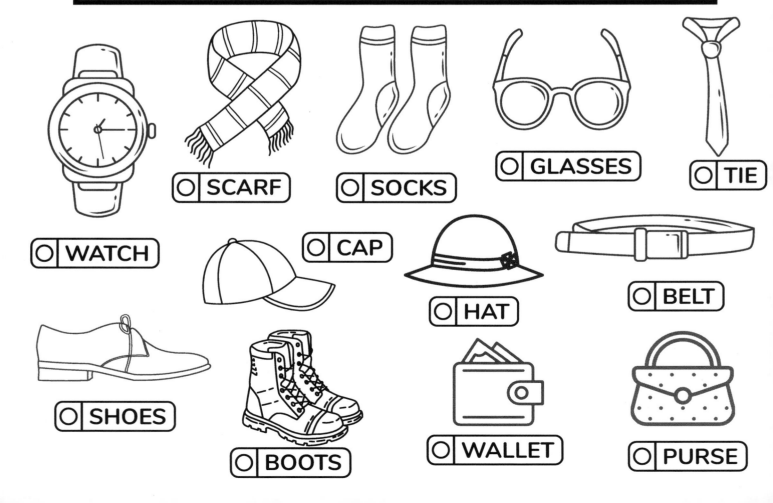

WATCH · SCARF · SOCKS · GLASSES · TIE · CAP · HAT · BELT · SHOES · BOOTS · WALLET · PURSE

55. Weather

```
L V U N J R S A N G X Y J U
H T O H R E N X L G N K W J
R N O M Q D W H A I C O L D
H S O T B N C K A B T N K F
A U N M G U Y R F Q A A K J
I P M O L H Y N N U S K M Z
L O L I W T W T O R N A D O
I R I N D Y G X Y O F B W L
N E Y C L O U D Y W I N D Y
G M N C L I G H T E N I N G
```

SUNNY

CLOUDY

RAINY

HAILING

SNOWY

LIGHTENING

THUNDER

WINDY

HOT

COLD

HUMID

TORNADO

56. Solar System

```
H T R A E T K W I B Z Y N T
D R S T I B R O M F D Q U D
G E L S M U E E I O F R I S
O T Z A E O R N I J A B U H
D I C T U C O T U N J N W B
M P A U U V S N U T E R X N
I U T R C P X S L V P L E J
L J Y N A A S S R A M E Z P
B S H C G V U T I J U G N M
R N E E G G N C T E A P X G
```

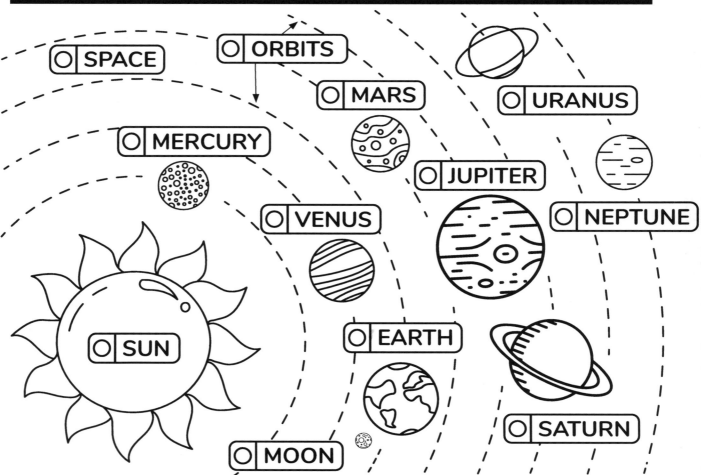

SPACE · ORBITS · MARS · URANUS · MERCURY · JUPITER · VENUS · NEPTUNE · SUN · EARTH · SATURN · MOON

57. Space

```
C O N S T E L L A T I O N T
H W S T Q E O H Q R T I T U
Q P E T I L L E T A S L E A
R L H C B K N E G T B P K N
Q A D L P A W T S S I K C O
B N R B M T U B X C N X O R
X E H A N H C F T V O A R T
O T M E T E O R O I D P D S
T E M O C G A L A X Y E E A
M E T S Y S R A L O S U W N
```

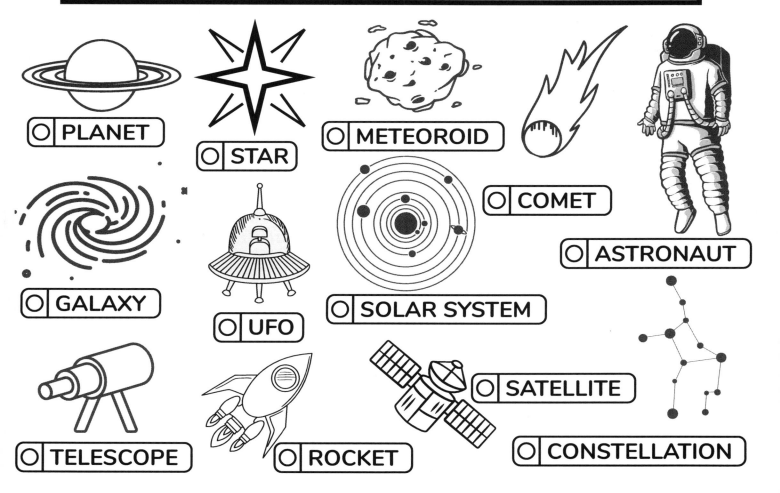

- PLANET
- STAR
- METEOROID
- GALAXY
- UFO
- SOLAR SYSTEM
- COMET
- ASTRONAUT
- TELESCOPE
- ROCKET
- SATELLITE
- CONSTELLATION

58. Zodiac Constellations

V	F	T	H	A	Q	U	A	R	I	U	S	I	X
X	O	U	G	D	C	Y	W	S	D	G	L	B	R
V	J	F	A	R	B	I	L	X	E	X	V	E	C
T	A	U	R	U	S	Q	T	Y	X	C	C	U	O
K	Y	G	S	C	O	R	P	I	O	N	S	S	P
X	O	E	R	L	R	Y	K	B	A	U	Q	I	Q
A	G	M	G	Q	N	K	X	C	X	J	H	R	P
A	R	I	E	S	B	U	Y	W	Y	Z	D	N	S
D	I	N	S	A	G	I	T	T	A	R	I	U	S
K	V	I	K	N	R	O	C	I	R	P	A	C	Q

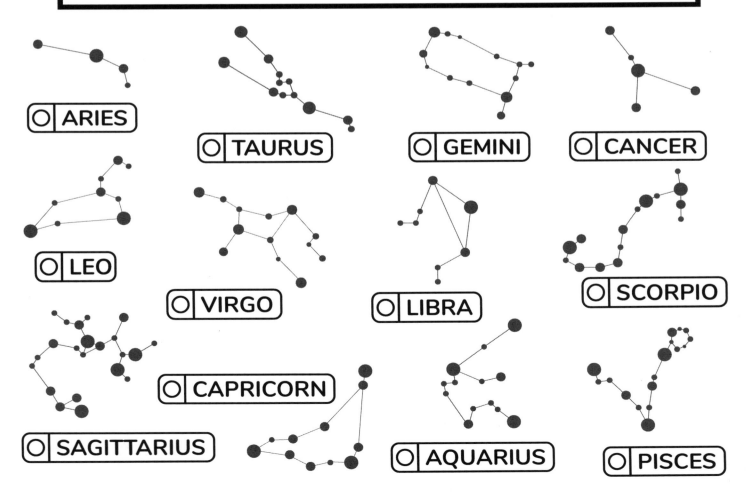

- O ARIES
- O TAURUS
- O GEMINI
- O CANCER
- O LEO
- O VIRGO
- O LIBRA
- O SCORPIO
- O CAPRICORN
- O SAGITTARIUS
- O AQUARIUS
- O PISCES

59. Nuts

```
X C R U A G E Y H D G M R E
L I Z A R B E N P Q Y N P M
B W A L N U T E I M X P I P
Z M Z M J V C E N P K L S P
J G Y O H A C A S H E W T B
J R M N N Q X I G I W K A N
A K I D U T U N A E P M C R
A I M A D A C A M P Y I H O
C H E S T N U T E I I N I C
D T U N L E Z A H T R O O A
```

O PINE

O PEANUT

O ACORN

O CASHEW

O CHESTNUT

O HAZELNUT

O BRAZIL

O PISTACHIO

O ALMOND

O PECAN

O WALNUT

O MACADAMIA

60. Spices & Herbs

```
N V X J C A R D A M O M Q S
C I R O S E M A R Y G Q T J
E L X A G K H R D Z A A A R
P V O N D W I W P O R Q O Q
A I I V L I S A B A L I D T
R G M G E K D W N E I G N S
S L G X A S I I L E C I N C
L S B K J O S V I N M K B N
E P E P P E R O R E G A N O
Y Z U C I N N A M O N B M L
```

○ CLOVES

○ CINNAMON

○ CARDAMOM

○ GARLIC

○ OREGANO

○ MINT

○ GINGER

○ PEPPER

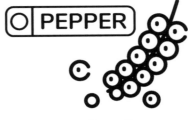

○ PARSLEY

○ BASIL

○ ROSEMARY

○ STAR ANISE

61. Cereals & Seeds

```
S N M M P P E L Y B I M R L
E H L D M E M I L L E T I A
Q Y B Y M A E O E O P T C E
X B F A E S X A V Y N D E P
K Q S B D L W T G E P R T K
B E L E N Q R S L H C S C C
S J E R X P X A S N L I N I
G P O K J I A Y B N C D D H
U C G S D E E S X A L F A C
J W H E A T S K C A G R Y E
```

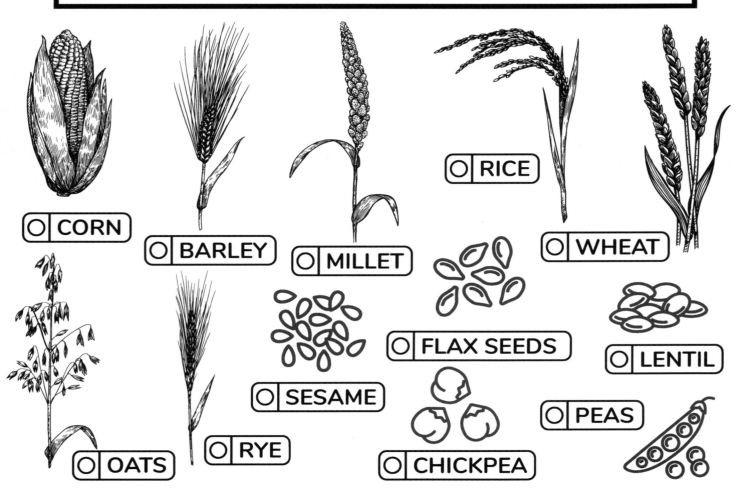

- ○ CORN
- ○ BARLEY
- ○ MILLET
- ○ RICE
- ○ WHEAT
- ○ OATS
- ○ RYE
- ○ SESAME
- ○ FLAX SEEDS
- ○ CHICKPEA
- ○ LENTIL
- ○ PEAS

62. Shapes 1

```
S E L G M U I Z E P A R T Q
U S L U B B O W H L E Y W T
B P C C O X C W M T A J D R
M I L U R I Y V C M U V S A
O L F H K I S Q U A R E O P
H L S T N E C S E R C M F E
R E T D R E C T A N G L E Z
U Z D C V R S Q U K I T E O
P A R A L L E L O G R A M I
Q U A T R E F O I L J E W D
```

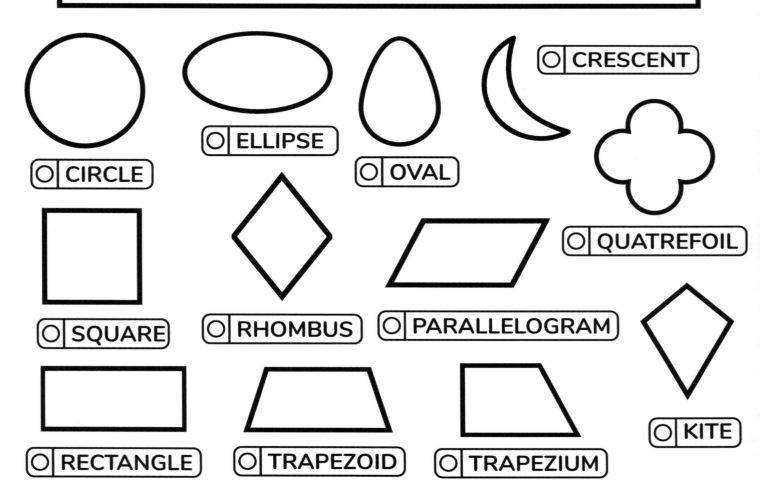

O CIRCLE

O ELLIPSE

O OVAL

O CRESCENT

O QUATREFOIL

O SQUARE

O RHOMBUS

O PARALLELOGRAM

O RECTANGLE

O TRAPEZOID

O TRAPEZIUM

O KITE

63. Shapes 2

```
L D E C A G O N P Y Z H O K
B N U D V E Y S I R E I X H
N H D C I W L O S P H E R E
O K R E S M T G T V S L L X
G V A F I U A A N A X Z C A
A Y X V P Z G R C A C P X G
T T G Q Y O D S Y O I U B O
C R E D N I L Y C P N R B N
O P E N T A G O N I O E T E
I R S B X N O G A N O N D Z
```

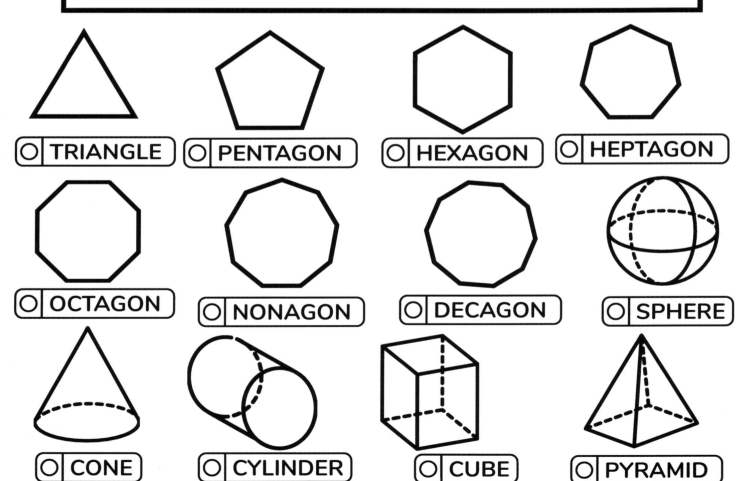

○ TRIANGLE   ○ PENTAGON   ○ HEXAGON   ○ HEPTAGON

○ OCTAGON   ○ NONAGON   ○ DECAGON   ○ SPHERE

○ CONE   ○ CYLINDER   ○ CUBE   ○ PYRAMID

64. Tools 1

```
Y Q T W R P P Z Y E D I F L
Z Q W P A N O P X N J D H V
L V O W Y S L P Q A I J A Q
W K C P A I K P N L S S M M
A Q T V E S T C N P Q C M M
D Z P R I E D U A G F C E A
A A S Y W R E N C H B I R L
R P X D K F H M A Q X P L L
B W T E K L E S I H C C D E
S C R E W D R I V E R F O T
```

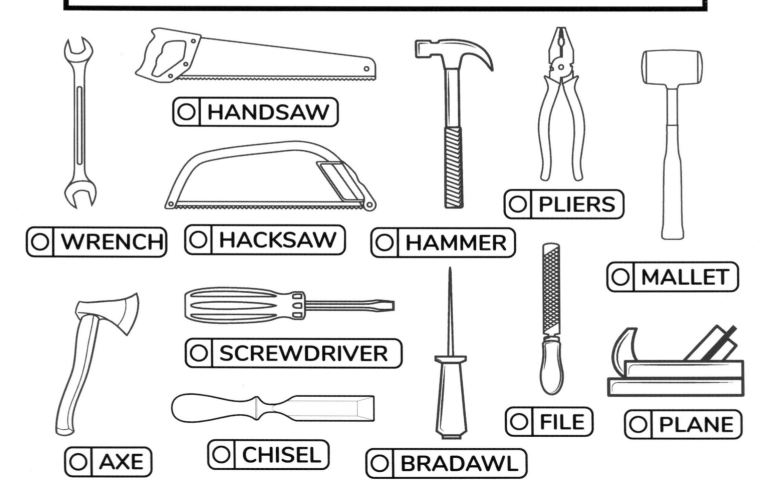

- HANDSAW
- WRENCH
- HACKSAW
- HAMMER
- PLIERS
- MALLET
- SCREWDRIVER
- AXE
- CHISEL
- BRADAWL
- FILE
- PLANE

65. Tools 2

```
H D R I L L S Q H N R Y O F
S M P A I N T R O L L E R L
U C T A P E M E A S U R E A
R E R S O N P O L I P U R S
B S R E X U U E B M V E U H
T E J U W F V T X O P M P L
N N O J L E N X H I L R Q I
I A W K L E S A L D B T Q G
A T D V X A R A I V O U E H
P B M M C Y C L R L T P N T
```

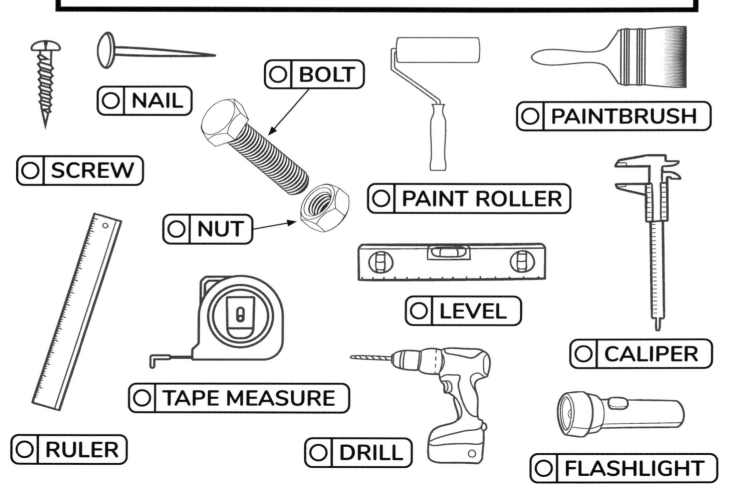

NAIL

BOLT

PAINTBRUSH

SCREW

NUT

PAINT ROLLER

CALIPER

LEVEL

TAPE MEASURE

RULER

DRILL

FLASHLIGHT

66. Inside the Computer

```
N Y L P P U S R E W O P D H
H D R A O B R E H T O M R T
W A M B R I U G S E M H A O
S M R B C P U M F A Q Z C O
Q T S D N C Q C X H C O D T
M U G Q D T E B N Y S L N E
A Q S R S I G D I F I W U U
R U O G U E S U U H B M O L
F M Z W C C B K V P H W S B
G R A P H I C S C A R D N Z
```

 CPU

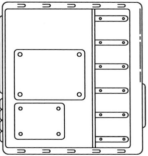 GRAPHICS CARD

 RAM

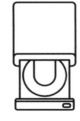 CD-ROM

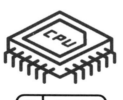 POWER SUPPLY

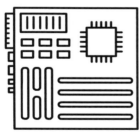 MOTHER BOARD

 CASE

 HARD DISK

 SOUND CARD

 USB

 WI-FI

 BLUETOOTH

67. Computer - Input & Output

```
R E N N A C S M E T C M D H
K K M R P P H R O B H N R E
C P U C S W S U K U N V A A
I R R E K A E P S V S G O D
T O U C H P A D M A D E B P
S O A P M O N I T O R S Y H
Y M A C B E W P D S J Y E O
O F D P R O J E C T O R K N
J J E N O H P O R C I M X E
P R I N T E R R C N U R S A
```

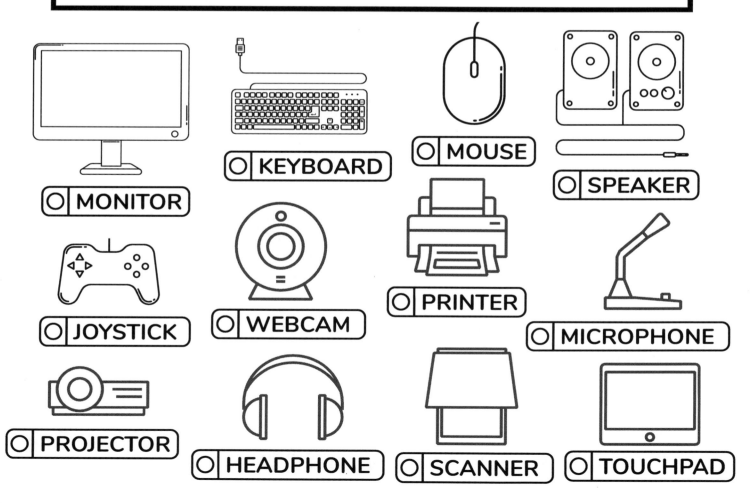

MONITOR
KEYBOARD
MOUSE
SPEAKER
JOYSTICK
WEBCAM
PRINTER
MICROPHONE
PROJECTOR
HEADPHONE
SCANNER
TOUCHPAD

68. Camping 1

```
K F I R S T A I D K I T M T
C L A F F Q L M Z L B G B H
A C O M P A S S C P B B P G
P D E J Q E N F Y K P G Z I
K T K E F S N R E T N A L L
C B X U H I L S E D W G M H
A A W I B I N O C U L A R S
B M A T C H E S V M B S H A
A E P O R V E F I N K Y Z L
S U F L E F I N K N E P Z F
```

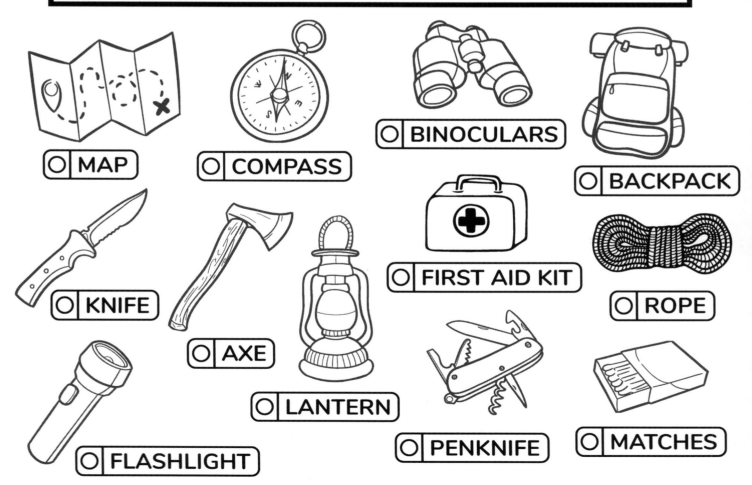

- ⊙ MAP
- ⊙ COMPASS
- ⊙ BINOCULARS
- ⊙ BACKPACK
- ⊙ KNIFE
- ⊙ AXE
- ⊙ LANTERN
- ⊙ FIRST AID KIT
- ⊙ ROPE
- ⊙ FLASHLIGHT
- ⊙ PENKNIFE
- ⊙ MATCHES

69. Camping 2

```
T F Y F E Q E D J F M Z A M
F H G R I L L L R T G Z A E
A A W X V V Z W T J E T Y R
O M A R E M A C H T A N R Z
A M M T H E R M O S E N T A
M O V S T O O B G N I K I H
E C R O K Z K N V X I L S T
D K K Q U H M K G U I T A R
M D V E R I F P M A C H N W
R I A H C K C E D B D J G S
```

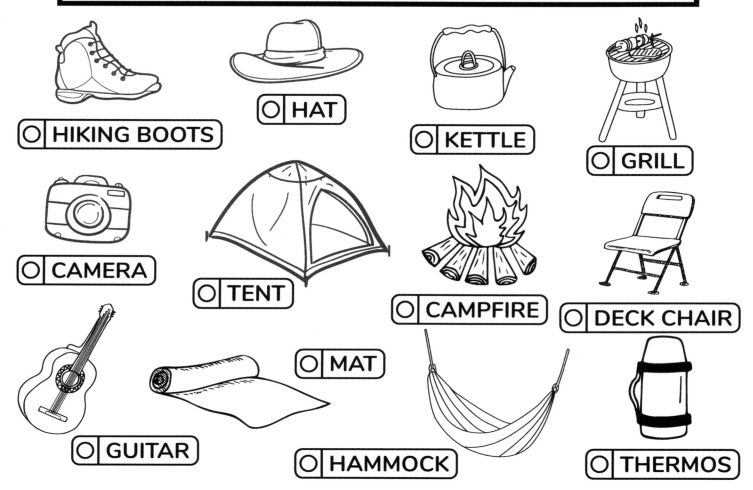

O HIKING BOOTS

O HAT

O KETTLE

O GRILL

O CAMERA

O TENT

O CAMPFIRE

O DECK CHAIR

O GUITAR

O MAT

O HAMMOCK

O THERMOS

70. Natural Disasters

```
E A R T H Q U A K E E B E G
E N A C I R R U H I R L H L
O E P T T T A I M O I Y C A
Y F R K H S R A S G F P N N
K G A U H G N V H F D F A D
L X N F P U U T B L L G L S
V O A J S T N O H O I D A L
B L O T M I I G R O W D V I
L T V E N I E O T D V W A D
E T A G D T O R N A D O K E
```

O DROUGHT

O EARTHQUAKE

O LIGHTNING

O TORNADO

O WILDFIRE

O ERUPTION

O ASHFALL

O HURRICANE

O LANDSLIDE

O FLOOD

O TSUNAMI

O AVALANCHE

71. Art

```
P B W N T S N O Y A R C E S
E F E L T P E N I P J K T K
N O I L P A I N T Q Z N T E
C S S W B R J M D B S I E T
I P A I N T B R U S H X L C
L N E G L F I N W A E I A H
F G L A G N I T N I A P P B
N S G I S C A N V A S R B O
I W W A T E R C O L O R S O
Z J U P H M L T R R K Z H K
```

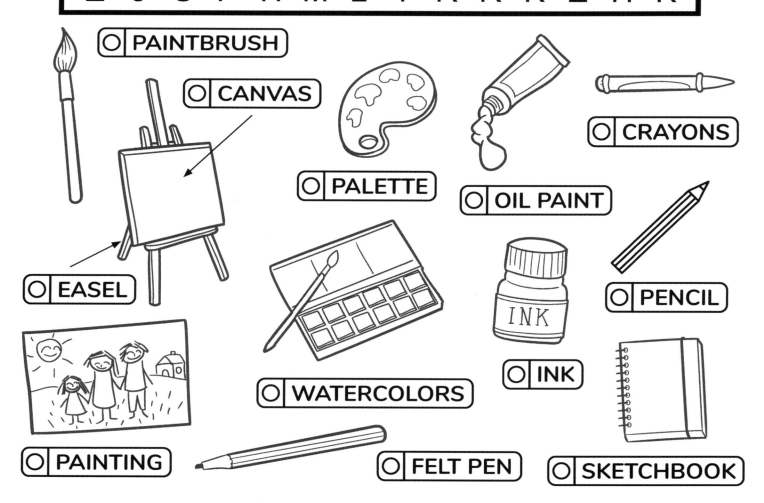

○ PAINTBRUSH

○ CANVAS

○ PALETTE

○ OIL PAINT

○ CRAYONS

○ EASEL

○ WATERCOLORS

○ INK

○ PENCIL

○ PAINTING

○ FELT PEN

○ SKETCHBOOK

72. Musical Instruments

```
P R A H S A X O P H O N E O
G S M T A V K M A R A C A S
R W V E F R E N C H H O R N
A I L N S L Y Z B U U N Q P
T F K I X O B Y R J S I N U
I S X R N W O B B M B L K M
U I F A W X A B U U C O V T
G D I L O R R R W P B I O M
A P G C R U D E R G F V J J
F L U T E T R U M P E T F F
```

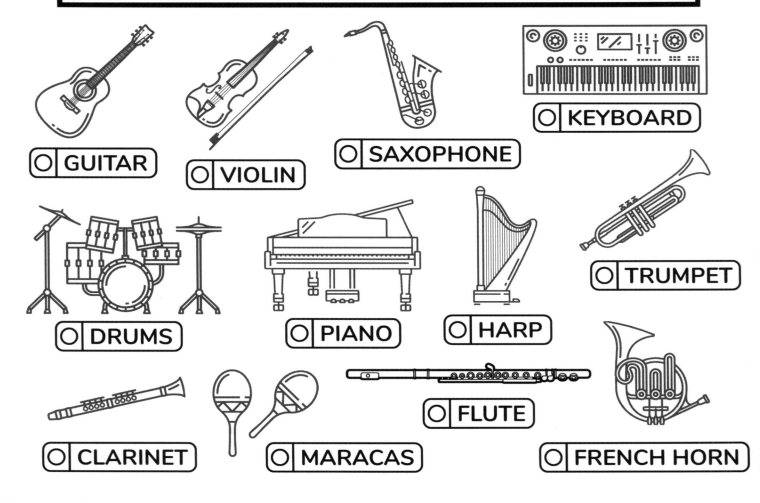

○ GUITAR

○ VIOLIN

○ SAXOPHONE

○ KEYBOARD

○ DRUMS

○ PIANO

○ HARP

○ TRUMPET

○ CLARINET

○ MARACAS

○ FLUTE

○ FRENCH HORN

73. Laboratory Equipment

```
V N N T H E R M O M E T E R
B S L E U B U R E T T E H D
A V C S E F K Z U R S W S R
X U H A C L E N N U F O G O
F T K B V A W W F L A S K P
A E X U S S L X K N O E C P
R O D R S I T E S T T U B E
M A G N I F I E R L F I Z R
P Q G E H C T A W P O T S Y
V D U R M I C R O S C O P E
```

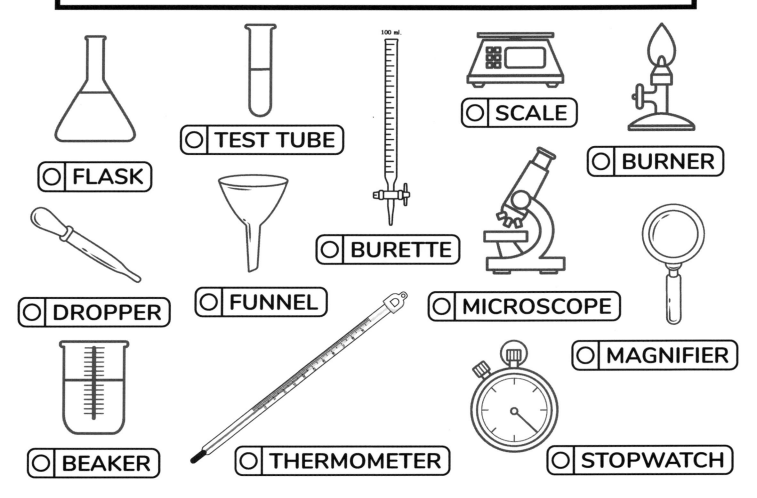

O FLASK

O TEST TUBE

O SCALE

O BURNER

O DROPPER

O FUNNEL

O BURETTE

O MICROSCOPE

O MAGNIFIER

O BEAKER

O THERMOMETER

O STOPWATCH

74. Parts of a Bicycle

```
H Y A D V X S J L A D E P Z
E V A L V E N D D S J Q W E
A L G M C G E A R S A J N M
G B D E Q C X L E K O P S E
M V K D H O C R Y R B A W W
C C X A A A G F A O E R I T
Y C I W B S H B N F N E B S
F N K U M C R O S S B A R R
H K H N D K K K O S I S V I
Z C H A N D L E B A R S U M
```

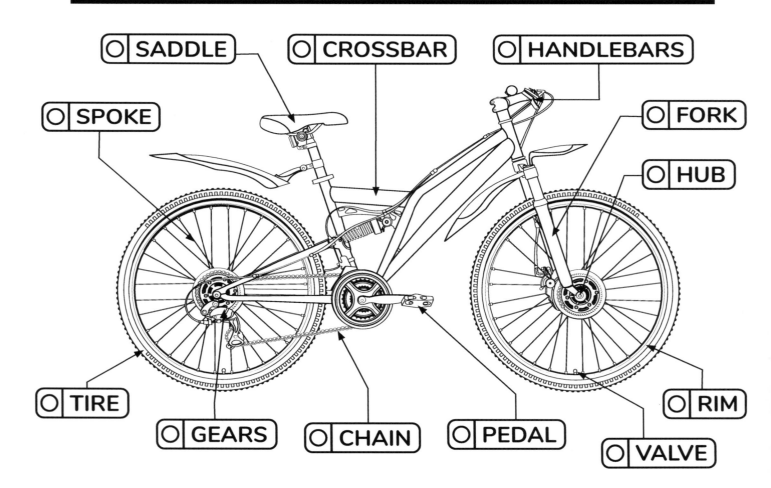

○ SADDLE   ○ CROSSBAR   ○ HANDLEBARS

○ SPOKE   ○ FORK

○ HUB

○ TIRE

○ GEARS   ○ CHAIN   ○ PEDAL   ○ RIM

○ VALVE

75. Parts of a Car

```
T N E W Z W T H R W B T B P
H G J B L P J L E E H W X U
G T R U N K E Q N E P F Q W
I W I N D S H I E L D I N I
L F B S E X X D P Z T W W N
D G O F G R E P M U B H Y D
A B P O M G D H O O D L E O
E S X C R U A O N E X U R W
H Q E I D O S M O T D C I H
S I D E M I R R O R J S T P
```

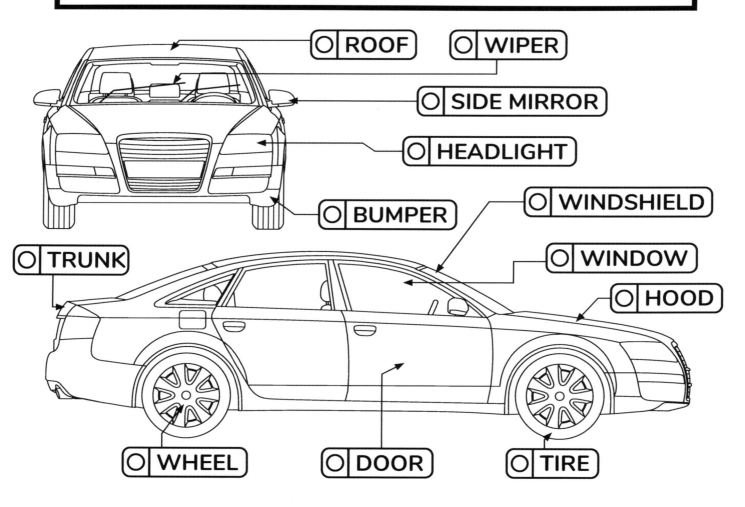

ROOF WIPER

SIDE MIRROR

HEADLIGHT

WINDSHIELD

BUMPER

WINDOW

TRUNK

HOOD

WHEEL DOOR TIRE

76. Parts of a House

```
J R O O L P C R B C E P A H
W Z W L N I I W B S L W D T
I R A K D D S N T Z U L N A
N W T E G P G Y E D A K A P
D X A E E C A Q U D K K R Q
O L E T T E R B O X R S E V
W E S Z T J B Y W F D A V W
C H I M N E Y Z O E H O G E
N K V P R G R O S C U U O X
H E C N E F R I P C H X P R
```

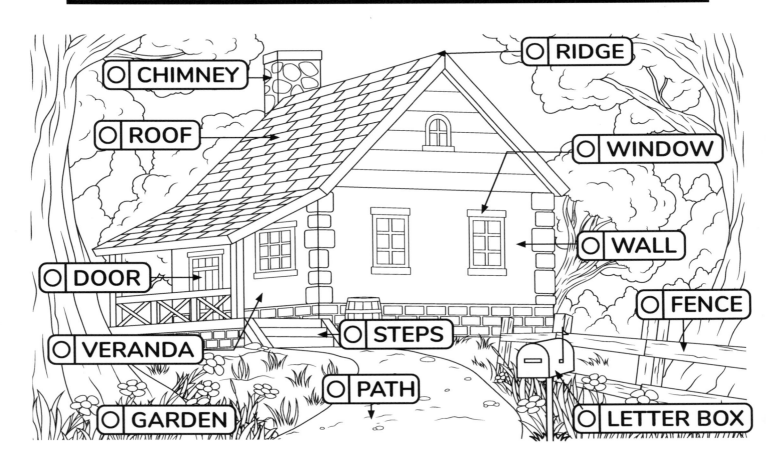

CHIMNEY
ROOF
DOOR
VERANDA
GARDEN
STEPS
PATH
RIDGE
WINDOW
WALL
FENCE
LETTER BOX

77. Cleaning

```
U P A P E R T O W E L S D E
D S O K M T U P I O P C U E
U T R F O R R V D O O B H G
S B E J P E X A N T H I G E
T N A K B T T G S Q X L K E
P G V R C S E H X H O Z S U
A N O E R U Q G E V C O P Q
N O A B W D B G E W A A B S
M U B B E W R S U P I V N T
H S U R B F A L R B I L F T
```

- ⊙ DUST PAN
- ⊙ SPONGE
- ⊙ SOAP
- ⊙ GLOVES
- ⊙ DUSTER
- ⊙ SQUEEGEE
- ⊙ BROOM
- ⊙ BRUSH
- ⊙ MOP
- ⊙ PAPER TOWEL
- ⊙ TRASH CAN
- ⊙ BUCKET

78. Materials

```
F S Q D L P L A S T I C R E
U S J C E L I L Y A A I K T
F A E A A N Y A F I O O D E
A L G R T H U T I Z Z O G R
B G U D H R H E B E O W S C
R I C B E V U M E W C A T N
I U E O R A F B R R C W O O
C E R A M I C W B B Q H N C
Q J Q R R K H L G E C K E S
P F T D K A O U J S R H W N
```

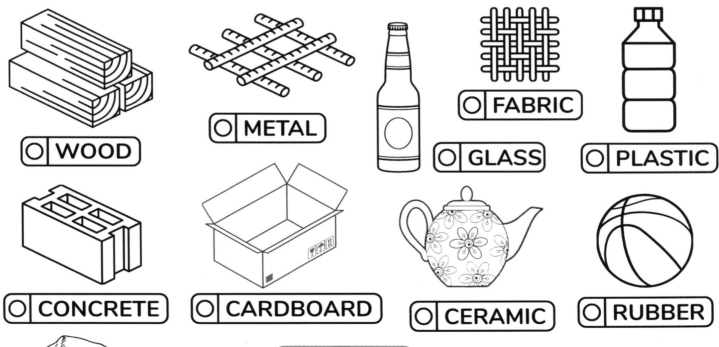

WOOD

METAL

GLASS

FABRIC

PLASTIC

CONCRETE

CARDBOARD

CERAMIC

RUBBER

STONE

LEATHER

FIBER

79. Office Equipment

```
P T V M V Y F L S F U M E O
M P R I N T E R L V O N X R
E V I R D H S A L F O Q Z E
S W L N K W P R H H R T H D
C U A N G T R Y P S H Y C D
A N M R O T C E J O R P A E
N N P P C A L C U L A T O R
N Y C P D E S K T O P P C H
E P H O T O C O P I E R B S
R F A X M A C H I N E P S S
```

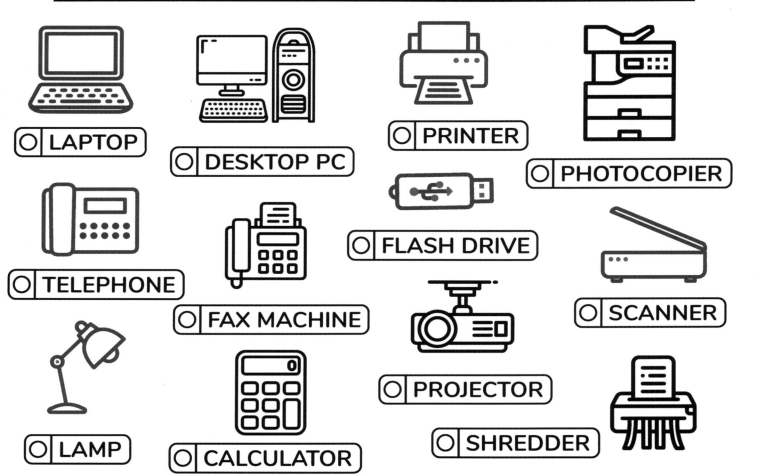

LAPTOP

DESKTOP PC

PRINTER

PHOTOCOPIER

TELEPHONE

FLASH DRIVE

FAX MACHINE

SCANNER

PROJECTOR

LAMP

CALCULATOR

SHREDDER

80. Office Supplies 1

```
E P O L E V N E M E O V Y P
P W P I L C R E D N I B A D
A D Y I Z D R U P K L P O K
T N H K U E H D N Q E K S B
H J H T D E O F T R Q V W M
C H O L E P U N C H T D P S
T A O H I G H L I G H T E R
O F S Z V P I R O S S I C S
C Y C L I P B O A R D I Q E
S T A P L E R N I P H S U P
```

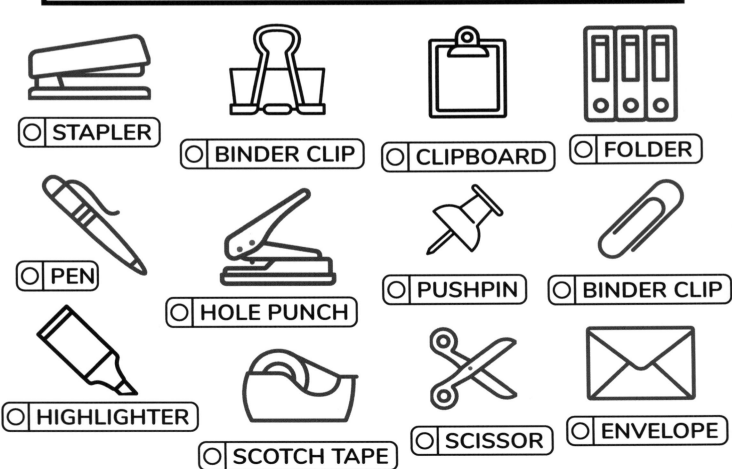

STAPLER

BINDER CLIP

CLIPBOARD

FOLDER

PEN

HOLE PUNCH

PUSHPIN

BINDER CLIP

HIGHLIGHTER

SCOTCH TAPE

SCISSOR

ENVELOPE

81. Office Supplies 2

```
A P U Z I C U T T E R F C S
D M S H A R P E N E R A Y T
T A M K C I T S E U L G A I
N T P Y V O R S K E M P Q C
I S E E Z Y V A N C B G P K
S K R B T Z M D W D O F E Y
F N A J A O A R S V I L N N
K I S L F R N C T J E N C O
C Y E N I B E T S A W S I T
H D R A O B E T I H W Q L E
```

 CALENDAR

CLOCK

WHITEBOARD

INK STAMP

GLUE STICK

NOTEPAD

 CUTTER

STICKY NOTE

PENCIL

 ERASER

 SHARPENER

 WASTE BIN

82. Sea Animals 1

```
S W O R D F I S H L B I N D
W F D M S A E Z A W C N I T
N O M L A S J S J P N W H H
Y Y Y B A O Q J A T I X P S
W A N M S Y Y N O O F N L I
R E S H D O U Y J Z L S O F
W H A L E T S P R A T E D N
P R N P K W V X F B H S E U
K U C P V Z H S I F T A C S
J R L N D O C W Z T W N A P
```

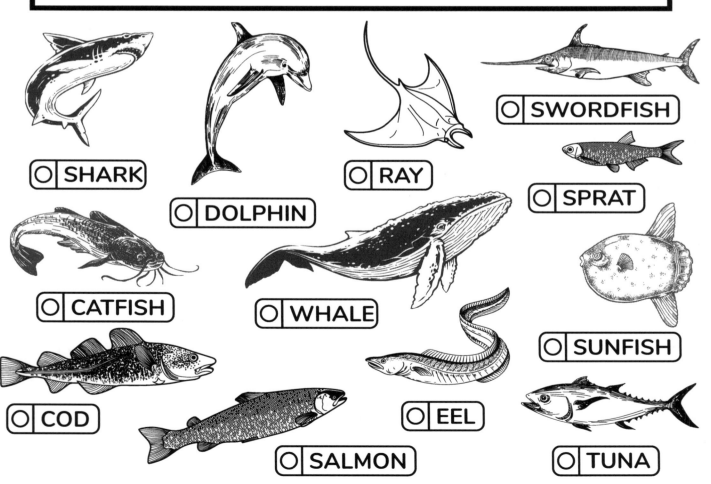

SHARK

DOLPHIN

RAY

SWORDFISH

SPRAT

CATFISH

WHALE

SUNFISH

COD

EEL

SALMON

TUNA

83. Sea Animals 2

```
Y S V H W R W R E T S Y O C
P E D T E T T K S X D N C J
B A R C O S U P O T C O E N
R T S T A R F I S H M L L S
E U K H C O R A L E L J H D
T R M U R F L B F Y J E F I
S T R P R I C W F G L S A U
B L W P Y D M I C L U Q R Q
O E R B F F S P S F Q Y U S
L E S R O H A E S S T Q H Q
```

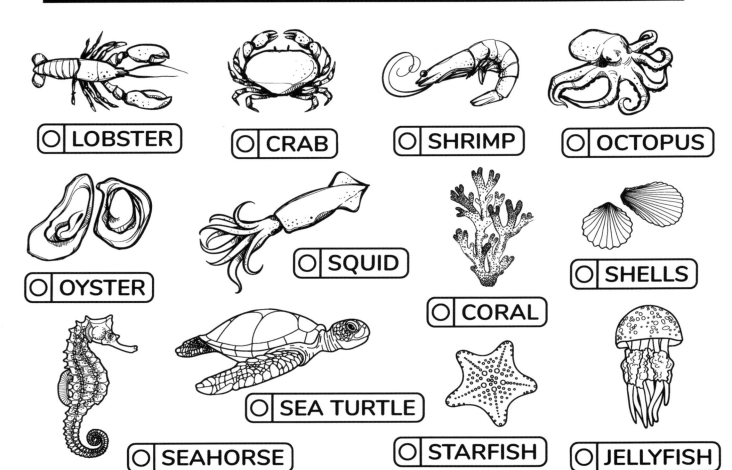

O LOBSTER

O CRAB

O SHRIMP

O OCTOPUS

O OYSTER

O SQUID

O CORAL

O SHELLS

O SEA TURTLE

O SEAHORSE

O STARFISH

O JELLYFISH

84. Dog Breeds 1

```
A H G G P R F D W V Y N K N
M F J A E L Y T Z S Z Z C A
A T G X F G O K F O L A H M
U C O H O J U R S V L L O R
B B Z A A D D P H U K S W E
S W P O I N T E R L H A C B
T R A C K H O U N D P T H O
Q F G R E A T D A N E I O D
D A C H S H U N D K J A W J
B U L L D O G B K N A N P B
```

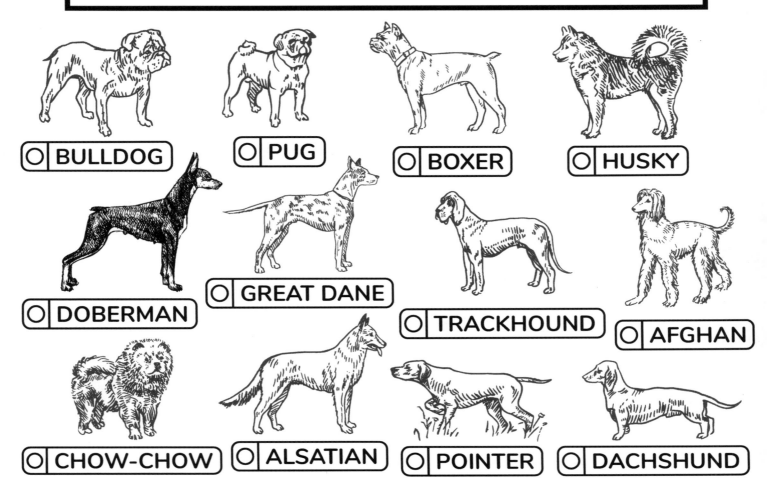

- ⚪ BULLDOG
- ⚪ PUG
- ⚪ BOXER
- ⚪ HUSKY
- ⚪ DOBERMAN
- ⚪ GREAT DANE
- ⚪ TRACKHOUND
- ⚪ AFGHAN
- ⚪ CHOW-CHOW
- ⚪ ALSATIAN
- ⚪ POINTER
- ⚪ DACHSHUND

85. Dog Breeds 2

```
R E I R R E T L L U B N C I
E X P M N L L H K X T M N D
V I E S D J J G L Q S A F N
E X K C H I H U A H U A Y U
I R I M S U F L M E K T J O
R S N O D R A N R E B T S H
T P G I E P R A H S O Y K Y
E I E P K Y N W P O O D L E
R T S C H N A U Z E R P C R
P Z E R O T T W E I L E R G
```

- BEAGLE
- SCHNAUZER
- PEKINGESE
- CHIHUAHUA
- SHAR PEI
- POODLE
- ROTTWEILER
- SPITZ
- RETRIEVER
- GREYHOUND
- BULL TERRIER
- ST. BERNARD

86. North Pole

```
V R M U S K O X H G L Z Z W
R E S G B S R K L W S E A L
A I B B C K D A L A X L R W
E N J N P I C O O L G I O U
B D V S U I C Z Y R E N R O
R E L E E N F E P U S S M D
A E T R L P H V B S Q I X N
L R I C I C L E S E K D P Z
O K H L S O S K T S R Z B B
P E I C E F L O E D L G D E
```

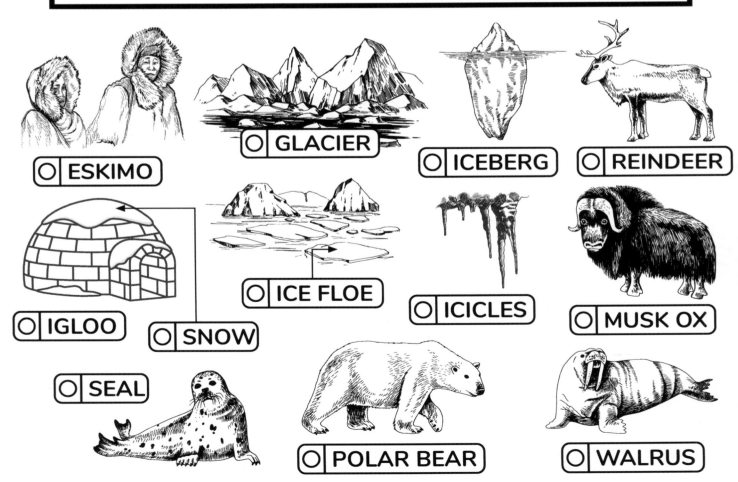

O ESKIMO

O GLACIER

O ICEBERG

O REINDEER

O IGLOO   O SNOW

O ICE FLOE

O ICICLES

O MUSK OX

O SEAL

O POLAR BEAR

O WALRUS

87. Desert

```
K S I S A O P M F N Y I X O
L R A T T L E S N A K E X R
R N P J V K R G K C O X E S
D R E E R T M L A P P A P Z
R M N S U T C A C R U A S P
A S C O R P I O N F I L P I
Z W J L E M A C I J K M F A
I G O L D E N E A G L E S C
L N A V A R A C R W U E E J
O I F X Y E Y O C E M L F F
```

O CAMEL

O MESA

O CARAVAN

O SAND

O CACTUS

O MIRAGE

O SCORPION O LIZARD

O OASIS

O RATTLESNAKE O GOLDEN EAGLE O PALM TREE

88. Wild Animal Homes

```
G Y D X Q D N B B S E L O H
O R T E R M I T E M O U N D
L A X D Y V T T E W W O T O
W I W U O T U Y H K B W M A
O P M K S P R R I Y K O N B
L S V E C A V E V X V T C U
L E N N H V D Z E A H L E R
O V F D U I W U B I I G Z R
H T R E E H O L L O W B H O
E F G V H N Q L V U F H O W
```

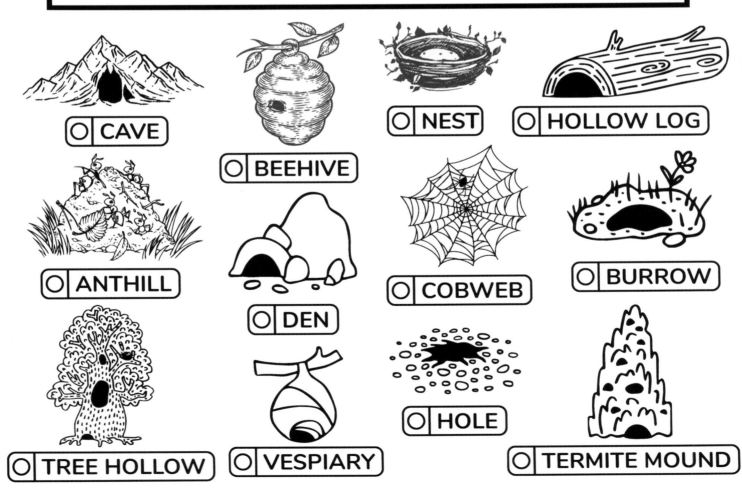

- ⦿ CAVE
- ⦿ BEEHIVE
- ⦿ NEST
- ⦿ HOLLOW LOG
- ⦿ ANTHILL
- ⦿ DEN
- ⦿ COBWEB
- ⦿ BURROW
- ⦿ TREE HOLLOW
- ⦿ VESPIARY
- ⦿ HOLE
- ⦿ TERMITE MOUND

89. Landforms

```
W A T E R F A L L V R T K I
F P F O R E S T K F N T I J
G G A N G H G M O A Z H H V
Z L S K Z P T R E S E D I I
K A H Q H A V C P C A K A S
B C V S V V O L C A N O D L
H I N U R G V J S N L I O A
R E V I R A N W T Y Z A I N
U R T W W P M M M O H N K D
A G M O U N T A I N L O W E
```

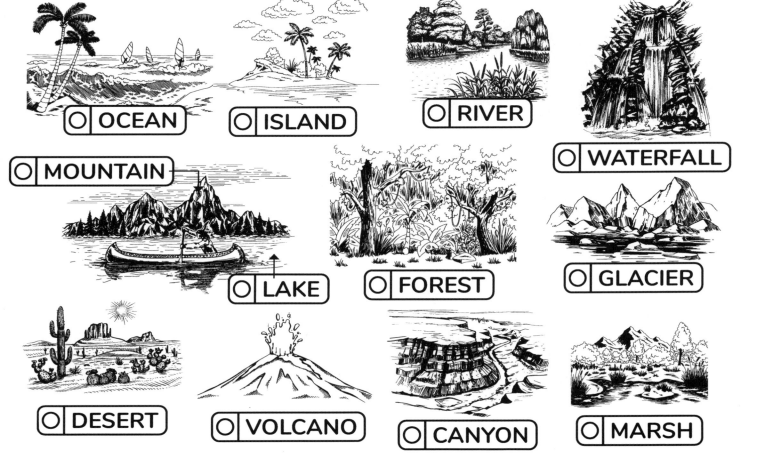

- O OCEAN
- O ISLAND
- O RIVER
- O WATERFALL
- O MOUNTAIN
- O LAKE
- O FOREST
- O GLACIER
- O DESERT
- O VOLCANO
- O CANYON
- O MARSH

90. Reptiles

```
A  L  L  I  G  A  T  O  R  Q  Q  U  V  A
N  I  Q  S  K  O  H  J  X  I  X  S  J  D
P  E  L  T  R  U  T  K  Y  N  I  K  L  R
A  W  B  F  S  N  A  N  A  U  G  I  T  P
R  C  H  A  M  E  L  E  O  N  Z  N  M  Y
B  G  E  O  V  Y  P  T  X  A  K  K  K  T
O  O  E  E  S  I  O  T  R  O  T  G  L  H
C  K  B  C  B  A  S  D  V  I  P  E  R  O
H  S  I  G  K  N  H  A  I  I  M  T  F  N
K  O  M  O  D  O  D  R  A  G  O  N  W  S
```

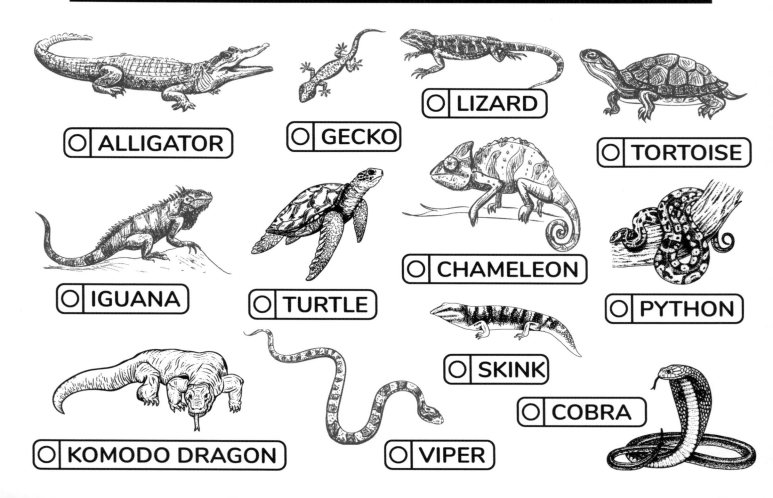

- ⭕ ALLIGATOR
- ⭕ GECKO
- ⭕ LIZARD
- ⭕ TORTOISE
- ⭕ IGUANA
- ⭕ TURTLE
- ⭕ CHAMELEON
- ⭕ PYTHON
- ⭕ SKINK
- ⭕ KOMODO DRAGON
- ⭕ VIPER
- ⭕ COBRA

91. Insects

```
Q Y G R A S S H O P P E R G
I L D Y D S P T V F X H O U
H F Q L K O N T K H P C Y B
O R E F I A R K I H T A K Y
U E L N M O S Q U I T O I D
S T T O W V Q E S Z V R M A
E T E G R Z V E T P G K M L
F U E A O N E Z S H K C H O
L B B R W B Q A H H V O Z J
Y I E D X A W O Q Z C C Q Y
```

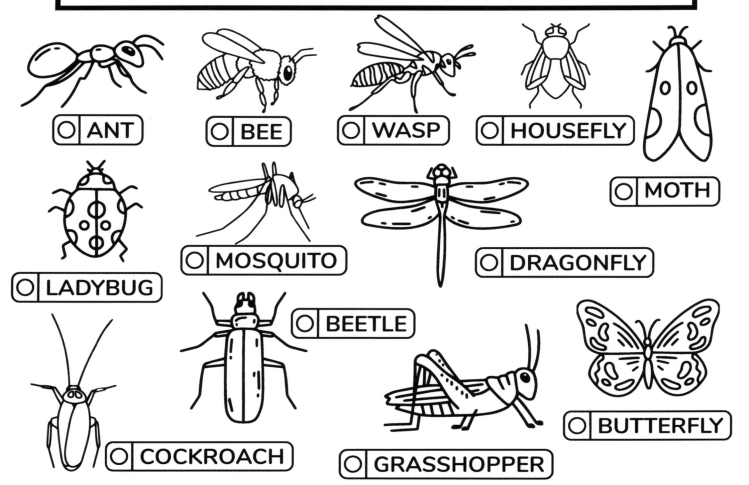

- ⃝ ANT
- ⃝ BEE
- ⃝ WASP
- ⃝ HOUSEFLY
- ⃝ MOTH
- ⃝ LADYBUG
- ⃝ MOSQUITO
- ⃝ DRAGONFLY
- ⃝ BEETLE
- ⃝ COCKROACH
- ⃝ GRASSHOPPER
- ⃝ BUTTERFLY

92. Parts of a Tree

```
D Q N W O R C P W Z T L X D
O Q R T I U R F T B Q J T R
G T A P R O O T T Y M Z L E
X X Z A F C G P R N O F B W
B R B A R K I V Z U Y F Q O
R U E Z F N W R P X N U O L
A L A W P S T D B H R K T F
N G O I C A E K R O O T S U
C Q T H E S U E D W W Z I R
H H O R A U X M D Y C M B Z
```

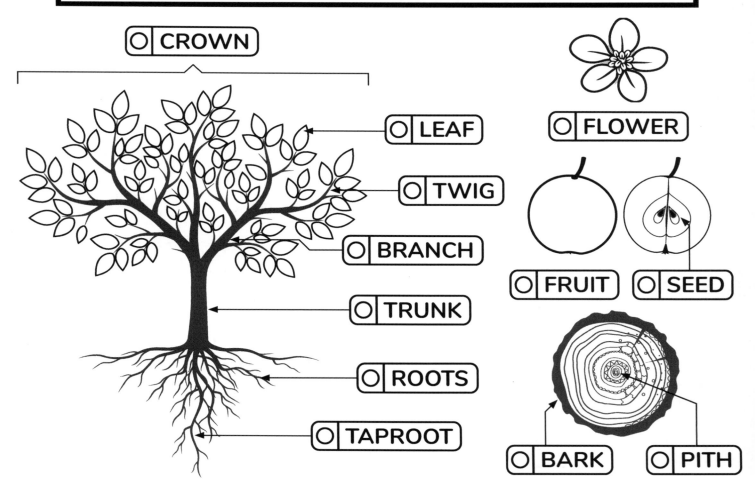

- CROWN
- LEAF
- TWIG
- BRANCH
- TRUNK
- ROOTS
- TAPROOT
- FLOWER
- FRUIT
- SEED
- BARK
- PITH

93. Energy Sources

```
Z U H G S G M S I C D V B U
L C T M S Z G V I G V I D U
N O R L A M R E H T O E G G
U A A Y M L I O I G J Z E K
C L L S O R T D A N W A V E
L K O M I T A S Y P F D Y O
E O S I B L R T Y N N O W M
A E N F Z A F B M I P Q I D
R H Y D R O P O W E R W K Q
S A G L A R U T A N J O A P
```

 WIND

 HYDROPOWER

 SOLAR

 OIL

 NUCLEAR

 COAL

 BIOMASS

 NATURAL GAS

 BIOGAS

 TIDAL

 GEOTHERMAL

 WAVE

94. Winter

```
B R T G D V K G P S W F K J
B E W P J L N X M N O I S B
V T A L R I O N I O N R C S
G A U N I F K C T W S E A T
D E K K I N S T T M L P R S
Y W S D D E Z T E A R L F J
M S V E W O V E N N Z A T C
T N L S K Y N F S Q X C Z L
C S N O W F L A K E A E R A
D L Z L O N G C O A T V W W
```

- COLD
- SWEATER
- MITTENS
- SNOWMAN
- SNOW
- BEANIE
- SNOWFLAKE
- LONG COAT
- SLED
- SWEATER
- FIREPLACE
- SKIING

95. Spring

```
U U C G P G N I N E D R A G
S R E W O L F N W Y C O B Q
B O Z B U T T E R F L Y I E
T E E M W U K O A O P C R G
S K E W U U K H B A L I D Y
P U R S G L T I B B A R S N
L F B W R Z F P T E Y R Y N
S E A A A B C V D E D W F U
A H U A S L W S P L A N T S
B L O S S O M V L F X J M H
```

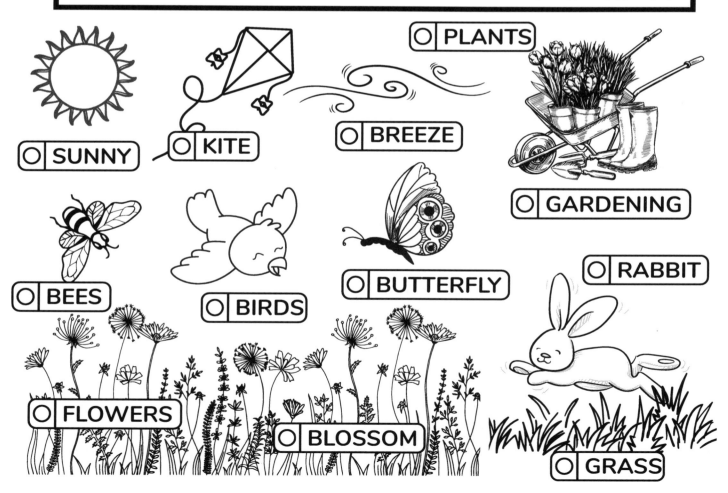

○ SUNNY
○ KITE
○ BREEZE
○ PLANTS
○ GARDENING
○ BEES
○ BIRDS
○ BUTTERFLY
○ RABBIT
○ FLOWERS
○ BLOSSOM
○ GRASS

96. Summer

```
G N S L F W C B R H O T F L
N E U E W S E A I H A L L N
I E R L S A C E M L I A I Y
L N F C C S D T L P B U C L
E O B H Z W A E F H F G E M
K B O M U K R L C V B I C A
R S A P Y B O A G Q L Z R U
O F R L M P E L M N M G E E
N Q D U S B Q T O C U Y A P
S E L T S A C D N A S S M G
```

HOT

BEACH

UMBRELLA

POOL

BEACH BALL

SNORKELING

CAMPFIRE

SANDCASTLE

FLIP FLOPS

SURFBOARD

ICE CREAM

SUNGLASSES

97. Autumn/Fall

```
H H O L O L O R B F U E F L
J A H N D C W C V D B A E R
U M M G M N E M O L T A F J
P U M P K I N E R R V E D E
X S K V Y T R G R E N W A L
I H G O X H Y E S T U K W P
K R T Z S W N R O C A O C P
A O U M X L E R R I U Q S A
F O H E D G E H O G R A I N
Z M X C G S C A R E C R O W
```

O RAIN

O APPLE

O PUMPKIN

O CORN

O MUSHROOM

O OWL

O SCARECROW

O SQUIRREL

O LEAVES

O TREE

O HEDGEHOG

O ACORN

98. Airport

```
N S R E G N E S S A P G E X
B A G G A G E M U R Q G R D
P Y S T E W A R D E S S U Q
A G E A I R T I C K E T T T
S Z T L S B P H D O P E R Y
S B Y F L A V I R R A M A X
P R R J Z O K G L A Q W P R
O E N A L P R I A O N H E T
R S L F C P L T D U T Y D R
T R E W O T L O R T N O C X
```

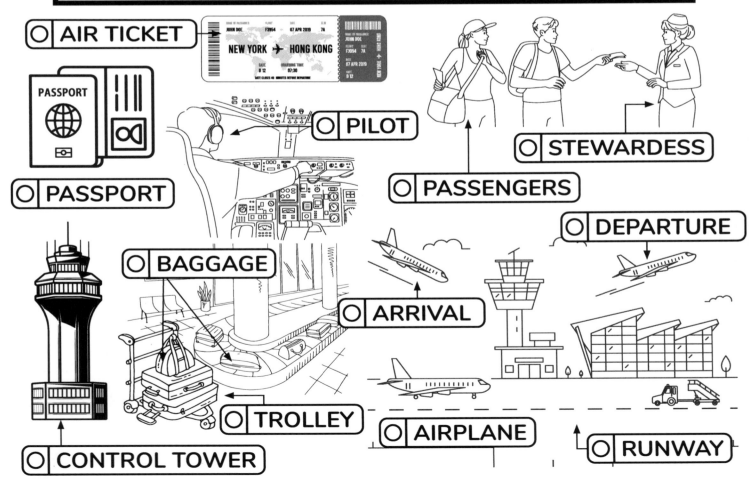

- AIR TICKET
- PASSPORT
- PILOT
- STEWARDESS
- PASSENGERS
- DEPARTURE
- BAGGAGE
- ARRIVAL
- TROLLEY
- CONTROL TOWER
- AIRPLANE
- RUNWAY

99. Parts of an Airplane

```
G  I  Q  P  Y  R  Z  X  B  W  L  S  C  P
D  N  I  S  X  O  P  D  V  O  L  F  I  N
N  B  I  G  O  T  A  M  K  A  N  R  N  C
S  M  A  W  N  A  L  M  T  H  O  U  U  O
K  D  S  L  S  V  F  S  Z  U  R  D  N  C
P  L  J  E  T  E  N  G  I  N  E  D  C  K
I  G  I  H  A  L  M  W  Y  G  L  E  X  P
J  G  W  A  U  E  S  O  N  G  I  R  I  I
N  D  F  V  T  A  I  L  P  L  A  N  E  T
M  H  L  E  B  C  Y  P  C  Y  U  C  G  B
```

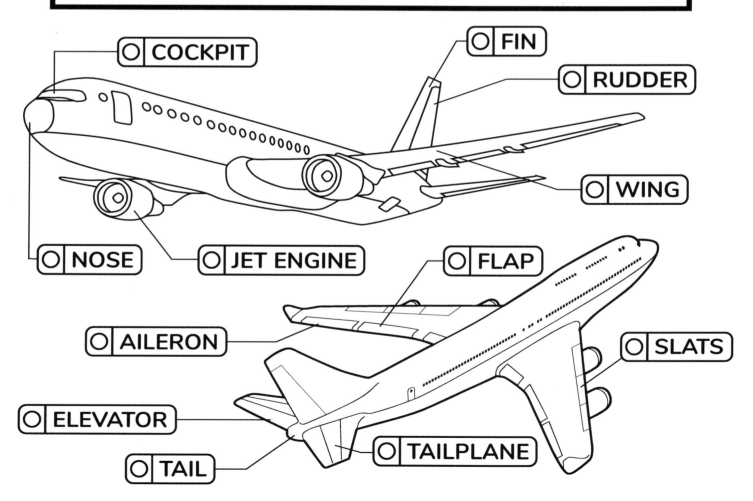

COCKPIT
FIN
RUDDER
WING
NOSE
JET ENGINE
FLAP
AILERON
SLATS
ELEVATOR
TAILPLANE
TAIL

100. Feelings & Emotions

```
C D Q V K N E P H E H X H G
A E E G L M A Q T Y C O C O
Y X A I A M D C I B E A H B
P C Z H R F H S Y T P X E F
P I S U K R I U I A O Q E Y
A T X I Y L O R Z P H M R V
H E J H L A E W Z Q Z G F F
D D S Y E D G Q W K N N U E
Z A J K J I V Q Y A G A L A
I C S T H O N U K X U F V R
```

O CHEERFUL

O HOPE

O SILLY

O HAPPY

O EXCITED

O ANGRY

O FEAR

O SHY

O SAD

O TIRED

O WORRIED

O SHAME

Solutions

Puzzle 1

```
G D M I B Z P G F Y B D
C C R O P S H L A Y A I
T R A C T O R J R A R I
D J M J K R C R M U N B
W I N D M I L L E G K E
I K S C A R E C R O W U
P U M H O H A R V E S T
H A Y S T A C K Z J P P
```

Puzzle 2

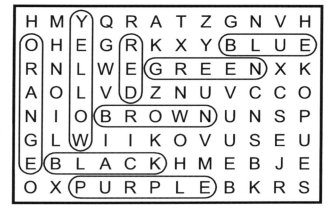

```
C H E E S E H F I K O P
G M X S L H P G E M D B
F I S H A O U N U M A Q
G B M M L M S M X V Y E
M O M I M X P E A N U T
I Q V J O V F A E C U E
L W X P N Y E T G O Y J
K L L D D J Y O G U R T
```

Puzzle 3

```
D J H H R F M I L K P C
G K E Q W F T E A N J S
I Y U A W J Y L B Y T O
I K J V A U V N G Q B D
S O U P T I I T P N A A
S C N E E C O F F E E O
L F Y E R E C T S H M C
L E M O N A D E O A Y W
```

Puzzle 4

```
H M Y Q R A T Z G N V H
O H E G R K X Y B L U E
R N L W E G R E E N X X
A O L V D Z N U V C C O
N I O B R O W N U N S P
G L W I I K O V U S E U
E B L A C K H M E B J E
O X P U R P L E B K R S
```

Puzzle 5

```
S T O R E R O O M B T U
A A K X R W G A R A G E
Y I Q F K R O Q C T S J
S T U D Y R O O M H L A
B E D R O O M V E R K F
V L I V I N G R O O M O
K D I N I N G R O O M R
K I T C H E N F X M A C
```

Puzzle 6

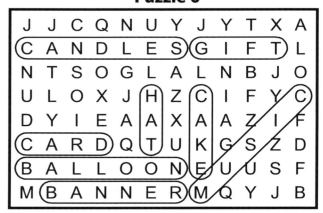

```
J J C Q N U Y J Y T X A
C A N D L E S G I F T L
N T S O G L A L N B J O
U L O X J H Z C I F Y C
D Y I E A A X A A Z I F
C A R D Q T U K G S Z D
B A L L O O N E U U S F
M B A N N E R M Q Y J B
```

Puzzle 7

```
P A I R P L A N E W Z F
S H E L I C O P T E R O
T Y J K X O Y Z F V P G
C O E T L Q B G Q X S L
A F T L Z J U B Q M J I
S P A C E C R A F T V D
T B P A R A C H U T E E
X V H B I T D R O N E R
```

Puzzle 8

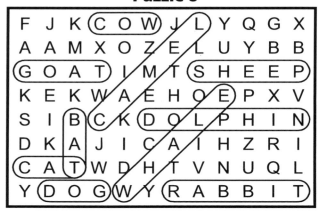

```
F J K C O W J L Y Q G X
A A M X O Z E L U Y B B
G O A T I M T S H E E P
K E K W A E H O E P X V
S I B C K D O L P H I N
D K A J I C A H Z R I
C A T W D H T V N U Q L
Y D O G W Y R A B B I T
```

Solutions

Puzzle 9

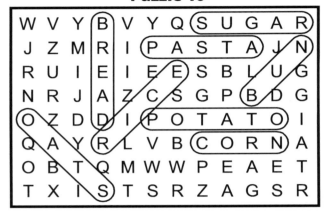

```
Y E U D K O K (R A I N) K
U O A D T G S K D N W C
U X N R N R R D M L G L
O O W I E C I N W E F A
P A R P B F V W C E G K
H P Z F H I E A X O L E
S I R E S E R V O I R L
B P W A T E R F A L L C
```

Puzzle 10

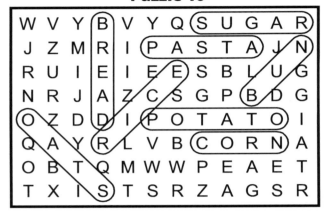

```
W V Y B V Y Q (S U G A R)
J Z M R I (P A S T A) N
R U I E I E E S B L U G
N R J A Z C S G P B D G
O Z D D I P O T A T O I
Q A Y R L V B C O R N A
O B T Q M W W P E A E T
T X I S T S R Z A G S R
```

Puzzle 11

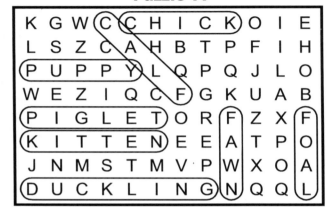

```
K G W C C H I C K O I E
L S Z C A H B T P F I H
P U P P Y L Q P Q J L O
W E Z I Q C F G K U A B
P I G L E T O R F Z X F
K I T T E N E E A T P O
J N M S T M V P W X O A
D U C K L I N G N Q Q L
```

Puzzle 12

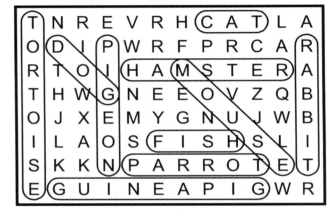

```
T N R E V R H C A T L A
O D I P W R F P R C A R
R T O I H A M S T E R A
T H W G N E E O V Z Q B
O J X E M Y G N U J W B
I L A O S F I S H S L I
S K K N P A R R O T E T
E G U I N E A P I G W R
```

Puzzle 13

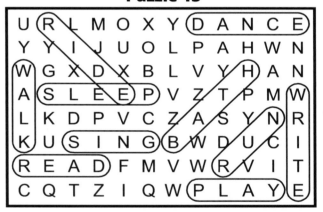

```
U R L M O X Y D A N C E
Y Y I J U O L P A H W N
W G X D X B L V Y H A N
A S L E E P V Z T P M W
L K D P V C Z A S Y N R
K U S I N G B W D U C I
R E A D F M V W R V I T
C Q T Z I Q W P L A Y E
```

Puzzle 14

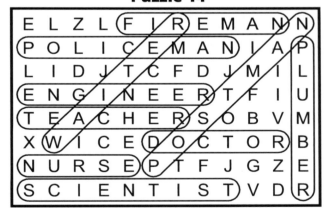

```
E L Z L F I R E M A N N
P O L I C E M A N I A P
L I D J T C F D J M I L
E N G I N E E R T F I U
T E A C H E R S O B V M
X W I C E D O C T O R B
N U R S E P T F J G Z E
S C I E N T I S T V D R
```

Puzzle 15

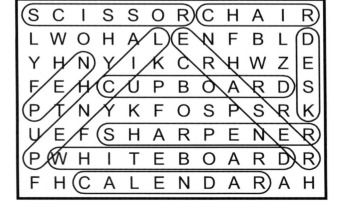

```
S C I S S O R C H A I R
L W O H A L E N F B L D
Y H N Y I K C R H W Z E
F E H C U P B O A R D S
P T N Y K F O S P S R K
U E F S H A R P E N E R
P W H I T E B O A R D R
F H C A L E N D A R A H
```

Puzzle 16

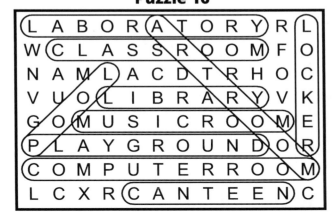

```
L A B O R A T O R Y R L
W C L A S S R O O M F O
N A M L A C D T R H O C
V U O L I B R A R Y V K
G O M U S I C R O O M E
P L A Y G R O U N D O R
C O M P U T E R R O O M
L C X R C A N T E E N C
```

Solutions

Puzzle 17

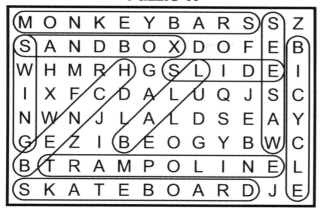

```
M O N K E Y B A R S S Z
S A N D B O X D O F E B
W H M R H G S L I D E I
I X F C D A L U Q J S C
N W N J L A L D S E A Y
G E Z I B E O G Y B W C
B T R A M P O L I N E L
S K A T E B O A R D J E
```

Puzzle 18

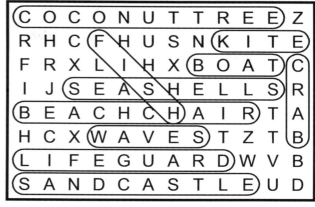

```
C O C O N U T T R E E Z
R H C F H U S N K I T E
F R X L I H X B O A T C
I J S E A S H E L L S R
B E A C H C H A I R T A
H C X W A V E S T Z T B
L I F E G U A R D W V B
S A N D C A S T L E U D
```

Puzzle 19

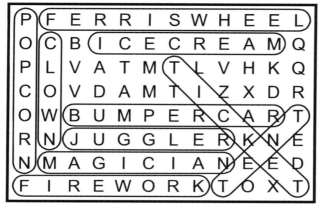

```
P F E R R I S W H E E L
O C B I C E C R E A M Q
P L V A T M T L V H K Q
C O V D A M T I Z X D R
O W B U M P E R C A R T
R N J U G G L E R K N E
N M A G I C I A N E E D
F I R E W O R K T O X T
```

Puzzle 20

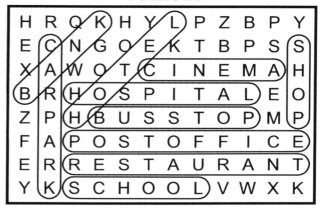

```
H R Q K H Y L P Z B P Y
E C N G O E K T B P S S
X A W O T C I N E M A H
B R H O S P I T A L E O
Z P H B U S S T O P M P
F A P O S T O F F I C E
E R R E S T A U R A N T
Y K S C H O O L V W X K
```

Puzzle 21

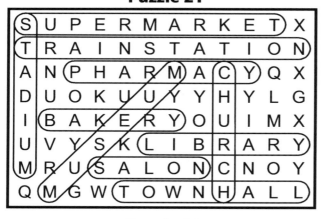

```
S U P E R M A R K E T X
T R A I N S T A T I O N
A N P H A R M A C Y Q X
D U O K U U Y Y H Y L G
I B A K E R Y O U I M X
U V Y S K L I B R A R Y
M R U S A L O N C N O Y
Q M G W T O W N H A L L
```

Puzzle 22

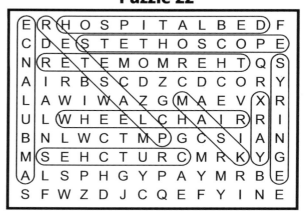

```
E R H O S P I T A L B E D F
C D E S T E T H O S C O P E
N R E T E M O M R E H T Q S
A I R B S C D Z C D C O R Y
L A W I W A Z G M A E V R
U L W H E E L C H A I R X R
B N L W C T M P G C S I N
M S E H C T U R C M R K Y
A L S P H G Y P A Y M R B E
S F W Z D J C Q E F Y I N E
```

Puzzle 23

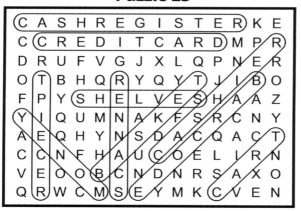

```
C A S H R E G I S T E R K E
C C R E D I T C A R D M P R
D R U F V G J X L Q P N E R
O T B H Q R Y Q Y T J I B O
F P Y S H E L V E S H A A Z
Y I Q U M N A K F S R C N Y
A E Q H Y N S D A C Q A C T
C C N F H A U C O E L I R N
V E O O B C N D N R S A X O
Q R W C M S E Y M K C V E N
```

Puzzle 24

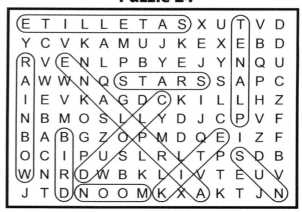

```
E T I L L E T A S X U T V D
Y C V K A M U J K E X E B D
R V E N L P B Y E J Y N Q U
A W W N Q S T A R S S A P C
I E V K A G D C K I L H Z
N B M O S L L Y D J C P V F
B A B G Z O P M D O E I Z F
O C I P U S L R L T P S D B
W N R D W B K L I V T E U V
J T D N O O M K X A K T J N
```

Solutions

Puzzle 25

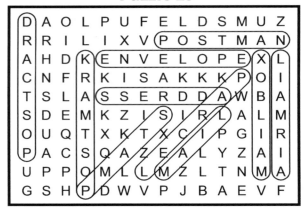

Puzzle 26

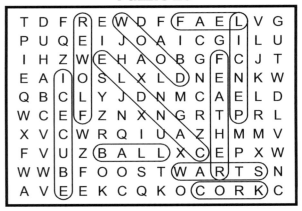

Puzzle 27

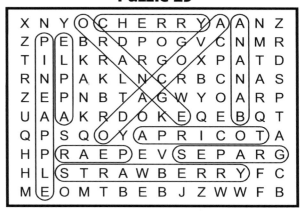

Puzzle 28

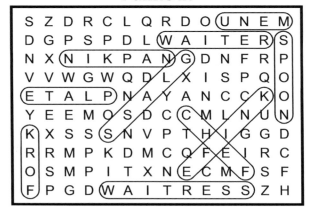

Puzzle 29

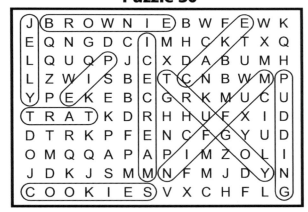

Puzzle 30

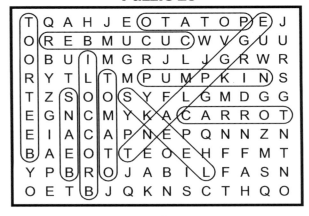

Puzzle 31

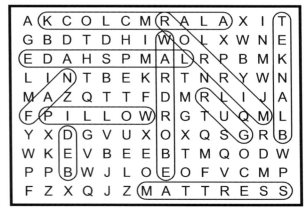

Puzzle 32

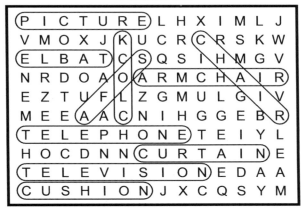

Solutions

Puzzle 33

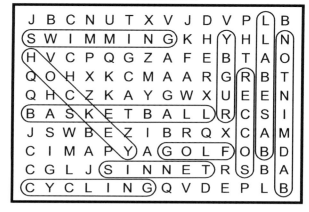

Puzzle 34

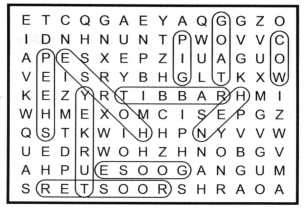

Puzzle 35

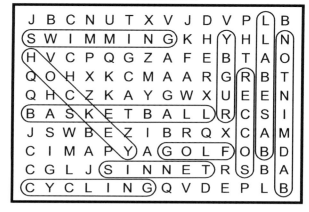

Puzzle 36

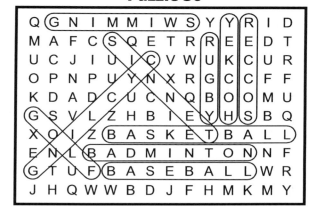

Puzzle 37

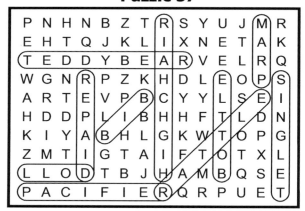

Puzzle 38

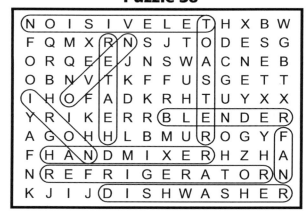

Puzzle 39

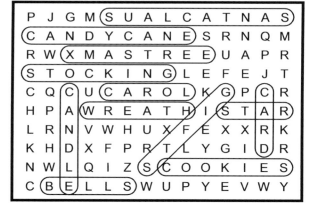

Puzzle 40

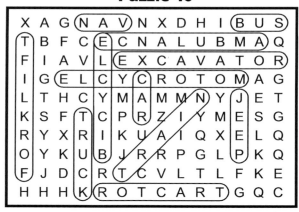

Solutions

Puzzle 41

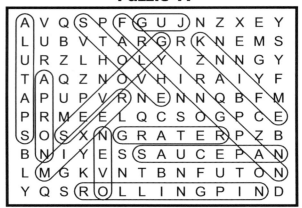

Puzzle 42

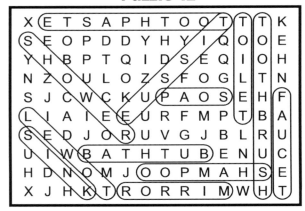

Puzzle 43

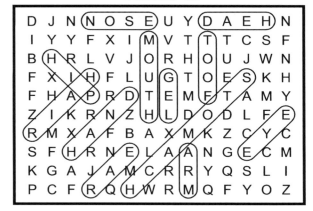

Puzzle 44

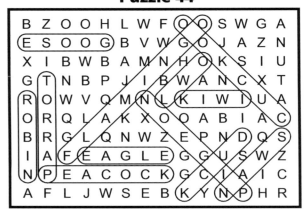

Puzzle 45

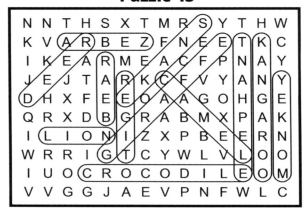

Puzzle 46

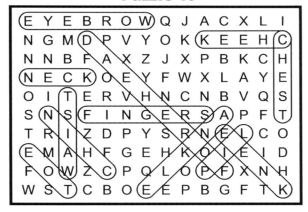

Puzzle 47

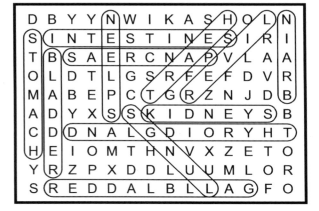

Puzzle 48

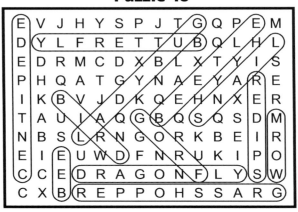

Solutions

Puzzle 49
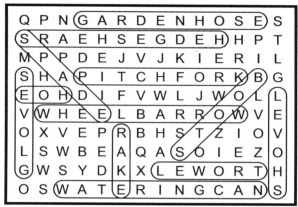

Puzzle 50
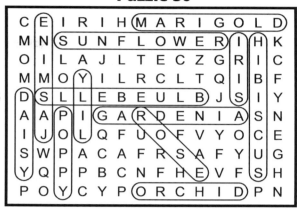

Puzzle 51
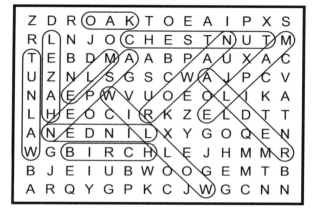

Puzzle 52
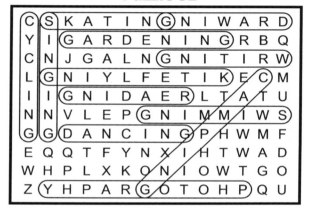

Puzzle 53
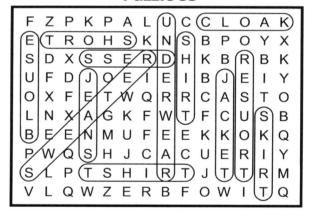

Puzzle 54
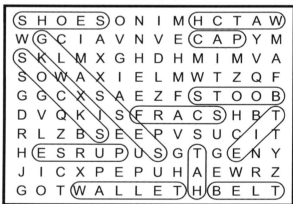

Puzzle 55
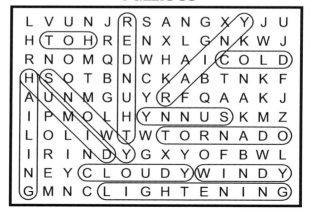

Puzzle 56
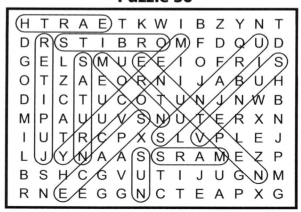

Solutions

Puzzle 57

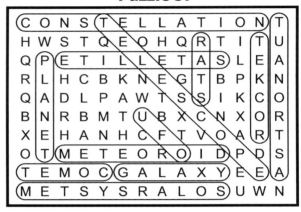

Puzzle 58

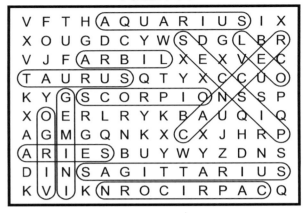

Puzzle 59

Puzzle 60

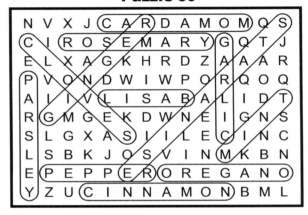

Puzzle 61

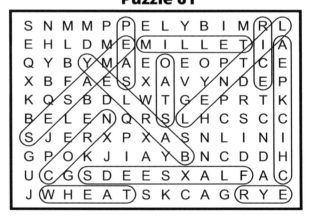

Puzzle 62

Puzzle 63

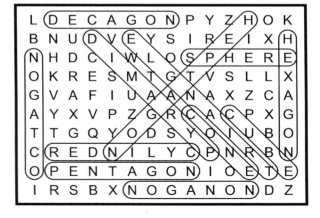

Puzzle 64

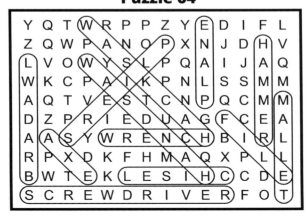

Solutions

Puzzle 65

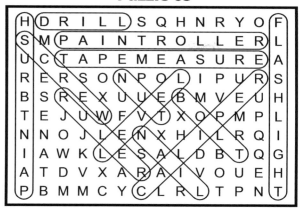

Puzzle 66

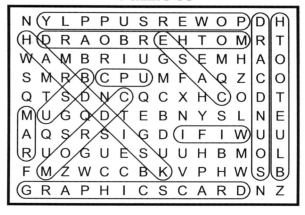

Puzzle 67

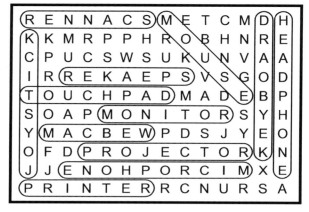

Puzzle 68

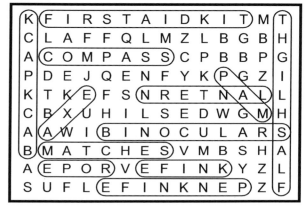

Puzzle 69

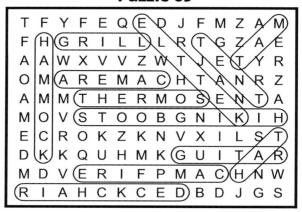

Puzzle 70

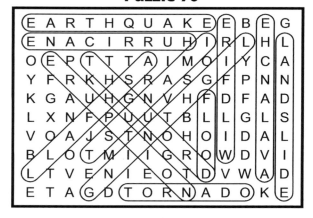

Puzzle 71

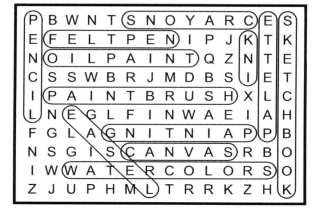

Puzzle 72

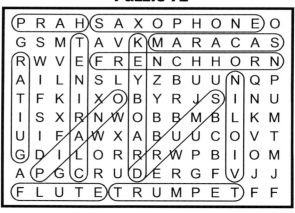

Solutions

Puzzle 73

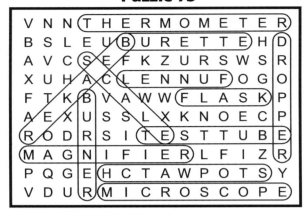

Puzzle 74

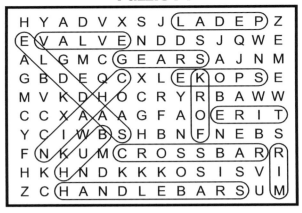

Puzzle 75

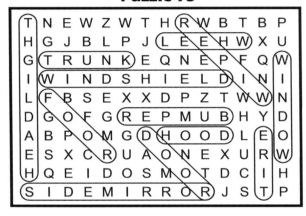

Puzzle 76

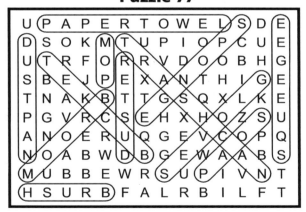

Puzzle 77

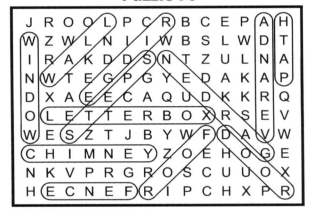

Puzzle 78

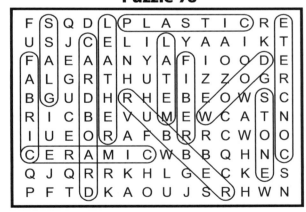

Puzzle 79

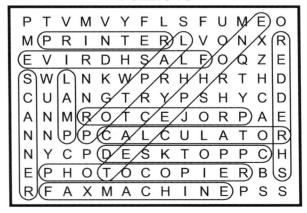

Puzzle 80

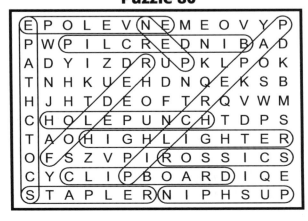

Solutions

Puzzle 81

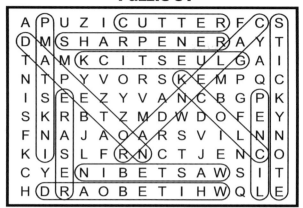

Puzzle 82

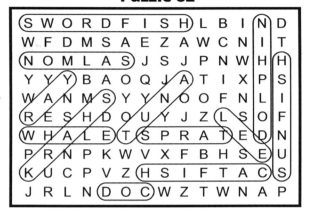

Puzzle 83

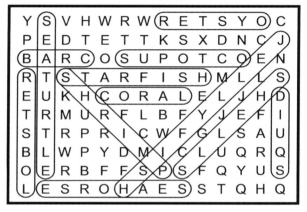

Puzzle 84

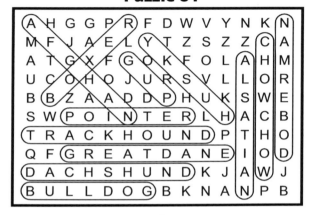

Puzzle 85

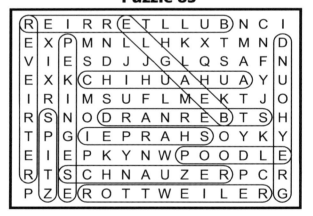

Puzzle 86

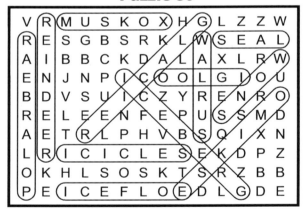

Puzzle 87

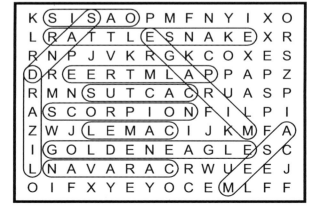

Puzzle 88

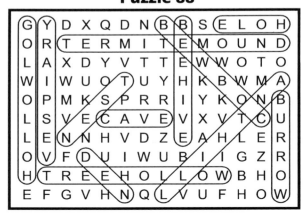

Solutions

Puzzle 89

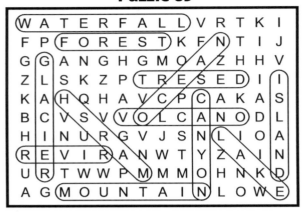

Puzzle 90

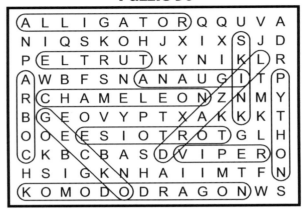

Puzzle 91

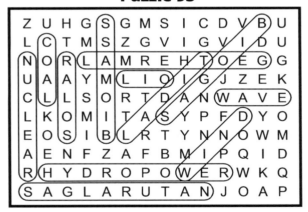

Puzzle 92

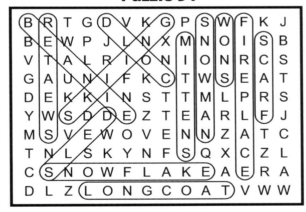

Puzzle 93

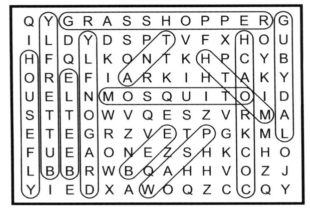

Puzzle 94

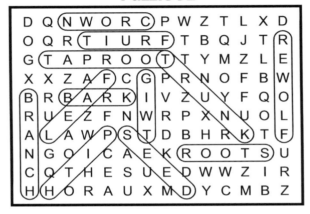

Puzzle 95

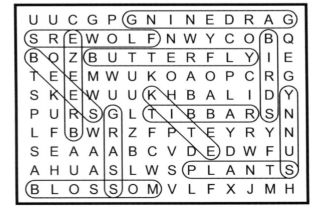

Puzzle 96

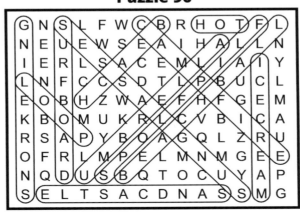

Solutions

Puzzle 97

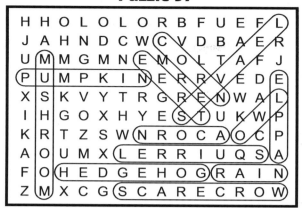

Puzzle 98

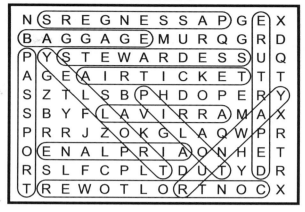

Puzzle 99

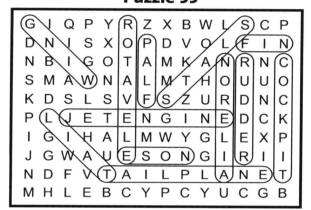

Puzzle 100

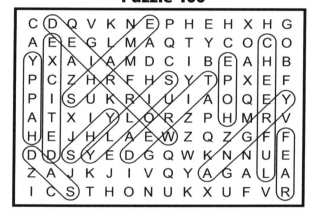

End of the Book

Thank you very much for using this book.

We hope the kid enjoyed the activities.
If you think this is a valuable book, consider sharing your experience by
leaving a **Review at Amazon.**
Your valuable feedback will help others and encourage us to create more
products like this.

TEAM WORD PANDA PRESS

Made in the USA
Las Vegas, NV
08 May 2023